世界遗产与丝绸之路

青少年读本

精 编 本

甘肃省联合国教科文组织协会
甘肃省基础教育课程教材中心 编著

世界遗产与丝绸之路

青少年读本

精编本

甘肃教育出版社

图书在版编目（ＣＩＰ）数据

世界遗产与丝绸之路青少年读本：精编本 ／ 甘肃省
联合国教科文组织协会，甘肃省基础教育课程教材中心编
著. -- 兰州：甘肃教育出版社，2012.5(2019.5重印)
　ISBN 978-7-5423-2679-9

　Ⅰ．①世… Ⅱ．①甘… ②甘… Ⅲ．①文化遗产－世
界－青年读物②文化遗产－世界－少年读物③丝绸之路－
青年读物④丝绸之路－少年读物 Ⅳ．①
K103-49②K928.6-49

中国版本图书馆CIP数据核字(2012)第104876号

世界遗产与丝绸之路青少年读本(精编本)

甘肃省联合国教科文组织协会 编著
甘肃省基础教育课程教材中心

项目负责　卢　政
责任编辑　张玉霞
封面设计　石　璞

出　版　甘肃教育出版社
社　址　兰州市读者大道 568 号　730030
网　址　www.gseph.cn　E-mail　gseph@duzhe.cn
电　话　0931-8773145（编辑部）　0931-8435009（发行部）
传　真　0931-8773056
淘宝官方旗舰店　http://shop111038270.taobao.com

发　行　甘肃教育出版社　印　刷　晟德(天津)印刷有限公司
开　本　787 毫米×1092 毫米　1/16　印　张 10　字　数 210 千
版　次　2012 年 8 月第 1 版
印　次　2019 年 5 月第 4 次印刷
印　数　11 051~21 050
书　号　ISBN 978-7-5423-2679-9　定　价　32.50 元

　　《世界遗产与丝绸之路青少年读本》于2010年出版发行后，受到社会各界特别是中、小学师生的欢迎和好评。两年来，由联合国教科文组织主导和协调的丝绸之路申报世界文化遗产的工作，在实施中又发生了一些新的情况和变化，需要加以说明：

　　一是由于丝绸之路全长约8000千米，涉及国家共27个，各国的情况千差万别，一次性整体申报工作难度太大，联合国教科文组织世界遗产中心决定将一次性整体申报调整为分期分段申报。

　　二是鉴于中亚部分国家"申遗"实施工作迟滞，未取得实质性进展，世界遗产中心不得不将原由中国和哈萨克斯坦、吉尔吉斯斯坦、乌兹别克斯坦、塔吉克斯坦、吐库曼斯坦六国作为原始提名国联合申报，调整为中国、哈萨克斯坦和吉尔吉斯斯坦三国联合申报。

　　三是申报的具体名称经反复酝酿和论证，已正式确定为"丝绸之路：起始段和天山廊道"。

　　四是经严格审查，中国初步入围的备选"申遗"点已由48处减为26处，甘肃的入围点相应由11处减为7处。

　　五是经协调，计划安排"丝绸之路：起始段和天山廊道"为2014年"申遗"项目，要求2013年2月前正式提交"申遗"文本，2013年6月前完成所有"申遗"准备工作，2013年7至8月接受世界遗产中心专家组对各"申遗"点的考察评估。

　　本书中有关丝绸之路"申遗"的各种概念表述、工作安排、中国"申遗"备选点目录和甘肃备选"申遗"点简介等，都是以2008年世界遗产中心的有关文本和中国为此而做的准备工作为依据，所有这些与调整后的丝绸之路"申遗"工作整体思路和工作框架是一致的,所以不再做文字上的变动。特别是被减掉的甘肃4处备选"申遗"点,其历史价值、艺术价值和科学价值丝毫不比保留的7处备选"申遗"点逊色。了解这些"申遗"点的基本情况,对于它们的宣传、保护和利用,同样具有重要意义,也能为进一步做好这些遗产点的保护和研究工作,争取在以后的"申遗"中榜上有名,起到一定的推动和促进作用。

李虎林

在联合国教科文组织的协调下,中国和中亚五国联合申报丝绸之路为世界文化遗产的工作已经紧锣密鼓地进入实施阶段。2012年,第36届世界遗产委员会全体会议将在其专业咨询机构考察、评估和审核的基础上,正式审议申报文本,决定丝绸之路整体作为一条文化线路是否进入"世界遗产名录"。为了宣传普及世界遗产知识,开展青少年遗产教育,推动丝绸之路"申遗"工作的进展,促进我国文化遗产保护事业的发展,甘肃省联合国教科文组织协会和甘肃省基础教育课程教材中心主持编写的以中小学生为主要读者群体的《世界遗产与丝绸之路青少年读本》,将要正式出版,这是一件值得庆贺的事情。

世界遗产是联合国教科文组织以和平文化、文化尊重和全球共同持续发展这一当今人类主体价值观为导向,将世界各地文化遗存和自然地貌的精华提取出来,通过《保护世界文化和自然遗产公约》(1972年)的法定程序确认,进入"世界遗产名录"的遗产项目。截至2009年,经过共计33次世界遗产委员会全体会议的审议确认,世界遗产总数已达890项,其中文化遗产689项,自然遗产176项,文化与自然混合遗产25项。中国于1987年加入《保护世界文化和自然遗产公约》组织,当年12月第11届世界遗产委员会全体会议审议通过北京故宫、周口店北京人遗址、泰山、长城、秦始皇陵及兵马俑坑和敦煌莫高窟等6处遗产进入"世界遗产名录",其中泰山为文化与自然混合遗产。到2009年第33届世界遗产大会通过五台山以"文化景观"作为新的遗产类型进入"世界遗产名录"为止,我国共有38项世界遗产,其中文化遗产28项(含文化景观)、自然遗产6项、文化与自然混合遗产4项,数目位居世界第三。这些遗产作为中华民族辉煌历史及社会文明的见证,犹如闪耀着奇光异彩的珍宝,散布在中国的锦绣大地上,在陶冶中华儿女情操的同时,也增进着中国与全世界的了解、友谊和交融。中国的世界遗产保护事业从蹒跚起步到蓬勃发展,成为改革开放、科学发展大业中的一枝奇葩,既展示了我国进一步走向世界,建设富强、民主、文明与和谐社会的辉煌成就,也发挥着促进中国社会继续进步和健康发展,服务当代、造福子孙的重要功能。

丝绸之路作为中国古代连接中亚、西亚、南亚、北非和欧洲陆上交往的通道,在很长一段时间内一直是联系东西方世界的大动脉,曾经发挥过促进世界文明发展的巨大作用。19世纪以来,这条东西方文明交流之路逐渐成为全世界研究的课题,丝绸之路的名称开始被普遍接受,含义也日趋丰富和广泛。在世界性丝绸之路研究热的推动下,丝绸之路沿线各国的文化遗存作为全人类无与伦比的文化遗产开始进入现代人的视野,并被赋予新的历史使命。从20世纪80年代起,由联合国教科文组织发起的"丝绸之路研究计划",把丝绸之路作为"对话之路",以促进当代东西方的对话与交流。同时,教科文组织下属的世界遗产委员会开始着手协调有关国家开展丝绸之路沿线的文化遗产保护工作,设想将分属不同国家的丝绸之路遗产点整合成为一个体系,整体申报世界文化遗产。并为此组织了一系列国际学术会议,力争清晰界定、突出丝绸之路的普遍价值。而这一点正是世界文化遗产必须具有的基本条件。从2003年开始,中国和中亚诸国先后启动丝绸之路申报世界遗产的工作,联合国教科文组织先后召开了5次丝绸之路联合"申遗"协调会,一些国家还召开了一系列民间学术会议充分讨论。经过反复酝酿和各申报国的共识及合作的逐渐深化，进一步明确了丝绸之路作为文化线路的遗产总体性质和提名的控制性框架，并决定由中国、哈萨克斯坦、吉尔吉斯斯坦、乌兹别克斯坦、塔吉克斯坦和土库曼斯坦作为原始提名国。在中国国内，河南、陕西、甘肃、宁夏、青海和新疆作为遗产点所在的省区，承担辖区内遗产备选点的甄选、申报等具体工作。

　　甘肃地处黄土、青藏、内蒙古三大高原和农业、牧业、绿洲三大文明的交汇地，是中华民族的重要发祥地之一，也是古代中国和西方文化交流融合的重要地域。甘肃从东南至西北 1660 多千米的狭长地带，保存了丝绸之路各个时期中西文化交流的遗址和遗物，在一定程度上成为丝绸之路文化遗产的缩影，是一条名副其实的丝绸之路文化遗产线路。丝绸之路甘肃段的文化遗产，既有其作为整个丝绸之路一个区段与整体的不可分割性，又有独特的地域风格和民族风貌。宗教遗址保存丰富是丝绸之路甘肃段的重要特色，世界三大宗教都在这里留下了深深的历史痕迹。遍布甘肃各地的佛教文化遗产特别是石窟寺，是佛教及佛教艺术中国化的实物标本，有着序列完整、延续性强、规模巨大、内容丰富、保存完好的显著特征。已经成为世界文化遗产的莫高窟，及这次即将申报世界文化遗产的麦积山石窟和炳灵寺石窟等，就是其中的典型代表。伊斯兰教和基督教也在甘肃大地留下了众多的文化遗存，是体现丝绸之路西方宗教文化东进的重要实物。丝绸之路甘肃段的文化遗产也是多元文化和平共处、交流融洽的杰出典范和实物见证。通过甘肃境内的连接和沟通，中国传统文化与西域文化、西方文化相互影响与交流，成为中华文化不可或缺的重要组成部分。

　　丝绸之路整体申报世界文化遗产，不仅可以让这一古代沟通东西方文化的大动脉为当今国际交流、合作做出新的贡献，还将极大地促进沿线各国、各地的文化遗产保护工作，提高遗产所在地的知名度，扩大对外开放，促进旅游业繁荣，进而全面推动各地经济、社会协调可持续发展。对甘肃这样一个文化遗产丰富而经济发展相对落后、地处偏远、交通不便的西部省份来说，抓住这一时机不仅可以一举跨入世界文化遗产大省行列，大大提高知名度和吸引力，推动旅游事业发展，进而带动全省经济社会全面、协调、可持续发展，逐步赶上全国发展的步伐，更能造福于全省人民，惠及甘肃的子孙后代。

　　这次丝绸之路跨国联合申报世界文化遗产，经过各地研究推荐和国家文物局组织专家考察论证，我国共确定48处备选遗产点。其中甘肃有麦积山石窟、水帘洞石窟群—拉稍寺、炳灵寺石窟—下寺、张掖大佛寺、马蹄寺石窟群—金塔寺和千佛洞、骆驼城遗址、锁阳城遗址、果园—新城墓群、悬泉置遗址、玉门关遗址共11处。这些遗产点均为全国重点文物保护单位，价值突出，体量较大，保存较好，保护机构健全，保护力量较强，地方政府"申遗"积极性较高，基本能够或者经过3~5年的努力能够基本达到申报世界遗产的标准和要求。但是，甘肃省经济发展水平不高和财政实力不强的实际，决定了这些遗产点的保护水平普遍较低，发展也不平衡，特别是大部分遗产点的文物本体保护、周边环境整治和配套、基础设施建设还有许多问题需要解决，要完全达到世界遗产的所有标准还有大量工作要做。而加强世界遗产的宣传普及，动员广大人民特别是青少年关心和参与文化遗产保护事业，为丝绸之路"申遗"献计献策，贡献力量，则是这些工作中的重要一环。在社会开放程度和公民文明素养不断提高的今天,联合国教科文组织和世界遗产委员会更加看重各国公民关心和参与文化遗产保护工作的程度。相信《世界遗产与丝绸之路青少年读本》的出版发行,将对丰富我省青少年的世界遗产知识,增强他们的文化遗产保护意识,进而带动全社会关心文化遗产保护事业,推动丝绸之路"申遗"的成功和我省文化遗产保护事业的健康发展,产生积极的影响。

"边城暮雨雁飞低,芦笋初生渐欲齐。无数铃声遥过碛,应驮白练到安西"。唐代诗人张籍这首描写丝绸之路商旅相继景况的《凉州词》已传诵千载,丝绸之路作为离我们最近的下一个世界遗产正在朝我们走来。让我们张开双臂迎接这一激动人心时刻的来临。愿丝绸之路申遗成功,并给甘肃经济和社会发展带来新的活力和契机。

(作者系甘肃省委原副书记、甘肃省关心下一代委员会主任、甘肃省见义勇为基金会会长、甘肃省联合国教科文组织协会名誉会长)

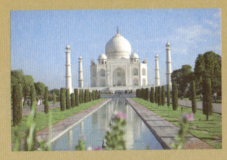

第一章　世界文化遗产知识

(一)世界遗产概念的提出

世界遗产是 1972 年由联合国教科文组织与其他相关国际组织共同创立的文化概念。它特指被联合国教科文组织世界遗产委员会以和平文化、文化尊重和全球共同持续发展为导向,汲取世界各地文化遗存和自然地貌的精华,按照《保护世界文化和自然遗产公约》的程序确认,列入《世界遗产名录》,具有突出普遍价值、人类共同继承的自然景观和文化财产。世界遗产分为世界文化遗产、世界自然遗产、世界文化与自然混合遗产和世界文化景观四类。它是人类社会罕见且目前无法复制或取代的财产。

1.由个人的意识变为集体的立法

世界遗产公约的标志。图示说明:它象征着文化遗产与自然遗产之间相互依存的关系。中央的正方形是人类创造的形状,圆圈代表大自然,两者密切相连。这个标志呈圆形,既象征全世界,也象征着要进行保护。

世界遗产这个概念是如何提出的呢? 工业革命以后,现代化进程迅猛如潮,给人类的居住环境和文化遗存带来了巨大的压力和破坏。这引起了世人的关注,作为个人最先明确地表达新的遗产观的是法国作家雨果,他在著名的《向文物的破坏者宣战》中,用激愤的语言斥责当时大肆破坏法国城市历史的人,昂首挺胸地捍卫着法兰西的历史文明。他说要"为名胜古迹制定一项法律。为艺术立法,为法兰西的民族性立法,为怀念立法,为大教堂立法,为人类智慧最伟大的作品立法,为我们父辈集体的成果立法,为被毁坏后无法弥补的事物立法,为一个国家前途之外最神圣的东西立法……"这段话写于 1832 年,法国正处于工业化发端之际。由于这些人不屈不挠的努力,遗产观逐渐得到广泛的认同,然后形成了遗产保护的法律法规。法国的第一部《历史建筑法案》就是作家梅里美努力促成的。到了20 世纪初,英国、意大利、法国、日本、韩国等国陆续有了一些范畴不同的遗产保护法。

2.由私人遗产到公共遗产观念的转变

历史发展到 19 世纪 70 年代,世界工业化和科技化高度发展,经济全球化和文化趋同化相伴发生。随着这种趋势的加剧,文化遗产在世界各地普遍受到惨重的损毁，这促使人们对如何保留人类自身发展过程轨迹的深入思考，于是一种新的遗产观逐渐被广泛地接受。法国历史学家皮埃尔·诺拉在《法国对遗产的认识过程》中说："在过去 20 年（20 世纪后半期），遗产的概念已经扩大，发生了变化。旧的概念把遗产认定为父母传给子女的财物，新近的概念被认为是社会的整体继承物。"这样，人类环保意识、可持续和谐发展意识、尊重文化多样性意识等全面觉醒。人们开始普遍认识到历史遗存的价值，强调对古代文物建筑的保护，要求尊重历史、尊重自然，维护文化和生物多样性，提倡人与自然和谐相处。这个概念在 1959 年对埃及阿布—辛拜勒神庙的国际保护运动中就诞生了，并不断地被强化和提升。1972 年，联合国教科文组织第 17 届世界遗产大会在法国巴黎通过了《保护世界文化和自然遗产公约》和《各国保护文化与自然遗产建议案》，并成立了联合国教科文组织世界遗产委员会。自此，"世界遗产"这个概念正式作为文本被确定下来，并且将"世界遗产"确定为：为了人类的今天和未来，将世界范围内被认为具有突出和普遍价值的文物古迹和自然景观列入《世界遗产名录》，作为全人类的共同遗产加以保护，即使在战争中也不能成为军事攻击的目标，以确保遗产的价值能永续保存下去。

《保护世界文化和自然遗产公约》受到世界广泛的响应。全世界共有 188 个国家和地区加入《世界遗产公约》，成为缔约国（是目前缔约国最多的国际公约之一）；截至 2009 年，共有 890 个项目被列入《世界遗产名录》，其中文化遗产 689 项，自然遗产 176 项，自然与文化混合遗产 25 项，分布在 148 个国家和地区。

中国的世界遗产数量目前位居世界第三，至 2009 年共有 38 个项目列入《世界遗产名录》，其中文化遗产 27 项，自然遗产 7 项，自然与文化混合遗产 4 项。

（二）世界文化遗产的评定

各缔约国国内的文化和自然遗产，由缔约国申报，经世界遗产中心组织权威专家考察、评估，世界遗产委员会主席团会议初步审议，最后经公约缔约国大会投票通过并列入《世界遗产名录》。自 2003 年开始，世界文化遗产委员会规定一个国家一年只能申报一处世界文化遗产（在此之前为不限数额的自由申报)。

世界遗产委员会的组成

联合国教科文组织世界遗产委员会是政府间组织,由 21 个成员国组成,每年召开一次会议,主要决定哪些遗产可以列入《世界遗产名录》,并对已列入名录的世界遗产的保护工作进行监督指导。世界遗产委员会主席团由 7 名成员组成,每年举行两次会议,筹备委员会的工作。其宗旨在于促进各国和各国人民之间的合作,为合理保护和恢复全人类共同的遗产做出积极的贡献。

链接:联合国教科文组织

United Nations Educational,Scientific and Cultural Organization (UNESCO)联合国专门机构,简称联合国教科文组织。1946 年 11 月正式成立,同年 12 月成为联合国的一个专门机构。总部设在法国巴黎。其宗旨是通过教育、科学和文化促进各国间合作,对和平和安全做出贡献。

联合国教科文组织是各国政府间讨论关于教育、科学和文化问题的国际组织,其主要机构有大会、执行局和秘书处。大会为该组织最高权力机构,每两年开会一次,决定该组织的政策、计划和预算。执行局为大会闭幕期间的管理和监督机构;秘书处负责执行日常工作,由执行局建议,经大会任命总干事领导秘书处的工作。

(三)世界文化遗产

什么叫世界文化遗产

《保护世界文化和自然遗产公约》第 1 条指出,"文化遗产"包括以下几项:

文物:从历史、艺术或科学角度看具有突出的普遍价值的建筑物、碑雕和壁画,具有考古性质成分或结构的铭文、洞窟以及联合体。

建筑群:从历史、艺术或科学角度看在建筑式样、分布均匀或与环境景色结合方面具有突出的普遍价值的单立或连接的建筑群。

遗址:从历史、审美、人种学或人类学角度看具有突出的普遍价值的人类工程或自然与人结合的工程以及考古地址等地方。

从以下几处世界文化遗产中,我们就可以看到这种突出的普遍价值:

埃及金字塔　埃及金字塔是世界古建筑的七大奇迹之一。曾有人说过：不去巴黎，不知道什么是艺术之都；不去埃及，不知道什么是艺术之源。这话或许有些夸张，但不可否认的是，古埃及遗留给后人的金字塔、狮身人面像以及尼罗河沿岸的帝王峡谷、卢克索神庙、太阳神庙等是无与伦比的灿烂瑰宝。

吉萨金字塔是古埃及所有金字塔中最大的一座，它是古埃及第四王朝法老胡夫的陵墓，故又称胡夫金字塔。吉萨金字塔除了以规模巨大而令人惊叹外，还以其高超的建筑技巧而

图1　埃及吉萨金字塔

著名。塔身的石块之间没有任何水泥之类的黏着物，而是一块石头叠在另一块石头上面。每块石头都磨得很平，至今虽已历时数千年，人们也很难用一把锋利的刀刃插入石块之间的缝隙，这不能不说是世界建筑奇迹。

位于哈夫拉金字塔前面的狮身人面像，古埃及人称它为"司芬克斯"，高21米，长57米，光耳朵就有两米长，除前爪部分是用石块砌成之外，整座雕像是在一块天然巨石上雕琢而成。狮身人面像始建于公元前2611年。第四代法老哈夫拉指令工匠为其雕像，工匠们便独出心裁地利用天然巨石雕成，显示了人与动物结合的超人权力，体现着力量的坚强和智慧的丰富。它坐西向东，护卫着金字塔，数千年来被人们视为古埃及的太阳神，它是人类历史的见证者。

注释：司芬克斯本是希腊神话中的带翼狮身女怪，在欧洲很多国家的古代雕塑中都有类似的形式。

图2　狮身人面像

神庙建筑　古埃及新王国时期，皇帝们经常把大量财富和奴隶送给

神庙,祭司们成了最富有、最有势力的奴隶主贵族。各地的神庙占有全国1/6的耕地和大部分的手工作坊,拥有金矿和航海商队。巨大的神庙遍及全国,底比斯一带神庙络绎相望,其中规模最大的是卡纳克(Karnak)和鲁克索(Luxor)两处的神庙。

卡纳克神庙建于公元前 14 世纪,因其浩大的规模而扬名世界,它是地球上最大的用柱子支撑的寺庙。卡纳克神庙的大柱厅,有 5000 多平方米,厅内竖有 134 根石柱,分 16 行排列,中央两排特别粗大,每根高达 21米,直径 3.57 米,可见其何等壮观。

图 3　卡纳克神庙　　　　　　　　　　　　　　图 4　鲁克索神庙

卡纳克和鲁克索的神庙,除了大门之外,建筑艺术已经全部从外部形象转到了内部空间,从金字塔和崖壁阔大雄伟概括的纪念性转到了神秘和压抑。这是同皇帝崇拜由氏族社会的原始拜物教转到奴隶制社会的宗教相适应的。

在三四千年前使用石器和青铜器的条件下,古埃及人竟然修建起了金字塔和神庙这样宏伟的建筑,实在是人类历史的奇迹。

古希腊和古罗马文明是西方文明的源头。现存希腊雅典的巴特农神庙和奥林克遗址群,意大利的罗马古城等文化遗产,集中反映了这一海洋文明的成果。

巴特农神庙　巴特农神庙位于希腊雅典,始建于公元前 447 年,至今已有 2500 多年的历史,是举世闻名的古代七大奇观之一,也是雅典最著名的古遗迹之一。经过几千年的风风雨雨,现在的神庙遗址大多已是断壁残垣了,神庙中雅典守护神雅典娜的巨大金像早已不知所终。

相传巴特农神庙是诸神从奥林匹斯山游历到雅典的聚会地,人们从入口处看不见它的正面,只能在一旁的角落发现它。在这长 70 米、宽 30米的空间里,46 根环列圆柱构成的柱廊直挺向天,昭示着希腊文明蓬勃向上，永不凋谢。

神庙的内部分成两个大厅，正厅又叫东厅，厅内原本供奉着菲迪亚斯雕刻的雅典娜神像，据说由黄金、象牙制成，眼睛的瞳孔也由宝石镶成。身穿战服的雅典娜英姿飒爽地耸立在殿内。雅典人热爱自己的保护神，希望她能给本城带来福祉。

巴特农神庙的雕刻装饰是由著名的建筑师和雕刻家菲迪亚斯承担的。从西山墙中央的人像到最引人注目的排挡间的装饰上都可以领略到这位雕刻大师的伟大。

由93块白色大理石饰板装饰而成的中楣饰带，有描述希腊神话内容的连环浮雕，浮雕所表现的紧张的搏斗，人与怪兽的撕扯生动逼真，天神们或威武或飘逸或闲散的姿态巧妙地贯穿在一起，那肌肉的弯曲、战袍的飘扬、眼神的哀喜无不透露出雕刻者对美的热爱和对生命理性的思考。

巴特农神庙的设计代表了全希腊建筑艺术的最高水平。它在继承传统的基础上又

图5 巴特农神庙

作了许多创新，事无巨细皆精益求精。巴特农神庙特别讲究"视觉矫正"的加工，使本来是直线的部分略呈曲线或内倾，因而看起来更有弹力，更觉生动。在巴特农神庙中，这种矫正发挥到了无微不至的地步。人们至今仍能从饱经沧桑的神庙看出精微矫正的痕迹和出神入化的效果，这真是文明的奇迹。巴特农神庙由此成为古代建筑最伟大的典范之作。

注释：雅典娜是希腊神话中的智慧女神

奥林匹克遗址群主要有神庙遗址和运动场遗址，坐落于雅典市中心，其中宙斯神庙是当年最宏伟的建筑。宙斯妻子赫拉神庙的遗址是现存最为

图6 古奥林匹克场运动场中心遗址

古老的多立克式神庙建筑遗址，也是圣地内最老的围柱式神庙和希腊最早的多立克式神庙之一，约建造于公元前 600 年。这里供奉着女神赫拉像，庙身狭长，四周有 44 根廊柱。现代奥林匹克运动会的圣火采集仪式就在这里举行。

体育场全部由大理石打造而成，呈马蹄形，跑道长度为 333 米，北面开口，另外三面有 47 层大理石看台，可容纳 3 万名观众。当历时 10 天的首届现代奥运会落下帷幕，雅典完成了古代奥运的伟大复兴，现代奥运也从此迈开历史性的第一步。

希腊古奥林匹亚遗址赫拉神庙如今是一堆杂乱的石头。这个看似无法再平凡的地方，却肩负着一个伟大的使命：每次奥运会前夕，演员们扮演的祭司都会在那里用凹面镜点燃圣火，然后再把火种传到奥运会的举办城市。

佛罗伦萨　中世纪晚期的欧洲文艺复兴孕育了近代西方文明，这一时期最具代表性的文化遗产是佛罗伦萨等作为文化中心的城市，以及表现出强烈的人文主义精神的城市建筑和宗教艺术。

佛罗伦萨位于意大利中部，是欧洲文艺复兴的发源地。公元前 59 年成为罗马的殖民地，后又被伦巴第人统治。13 世纪时，因羊毛和纺织业的迅速发展而崛起，成为当时意大利重要的城市。那时佛罗伦萨的政治权力由各行会控制，1282 年建立起共和国，国家的权力转移到最有权势的贵族手中。1737 年美第奇家族最后一个统治者去世后，佛罗伦萨陷于奥地利的统治。1860 年意大利统一后，佛罗伦萨曾作过 11 年意大利的首都，1871 年首都迁往罗马。

15 世纪至 18 世纪中期，长达 3 个世纪的佛罗伦萨历史可以说是与当地巨商美第奇（Medici）家族的兴衰紧紧联系在一起的。当时这个家族掌握了当地实际的政治和经济权力。该家族还酷爱艺术，在其保护和资助下，达·芬奇、米开朗琪罗等众多卓越的艺术家们创造了大量的闪耀着文艺复兴时代光芒的建筑、雕塑和绘画作品，使佛罗伦萨成为欧洲文化艺术和思想的中心。

在这座城市里，教堂、博物馆、美术画廊、宫殿鳞次栉比。比较有代表性的有世界第四大教堂佛罗伦萨大教堂（Duomo）；佛罗伦萨的政治中心——西尼约里亚广场（Piazza della Signoria）；美第奇家族的府邸——美第奇—里卡迪宫（Palazzo Medici–Riccardi）；意大利最大的美术馆——乌菲尔美术馆（Galleria degli Uffizi），收藏有哥特和文艺复兴时期的艺术品，如

图7　佛罗伦萨

图8

图9

图10

图11

图8-11　意大利文艺复兴时期艺术作品

拉菲尔的"圣母像"、提香的"佛罗拉"、波提切利的"维纳斯的诞生"等著名艺术品；巴杰罗国家博物馆（Museo Nazionale Bargello），收藏有大量文艺复兴的雕塑；圣十字教堂（Santa Croce），这里埋葬着众多的名人，其中有米开朗琪罗、伽利略、罗西尼等人的墓地。

泰姬陵　泰姬陵是世界七大建筑奇迹之一，是世界闻名的印度伊斯兰建筑的代表作。它位于印度北方邦亚格拉市郊。泰姬陵是莫卧尔王朝第五代皇帝沙贾汗为其爱妻泰姬·玛哈尔修建的陵墓。它始建于1631年，每天动用2万名工匠，历时22年才完成。

陵墓的四周砌有长576米、宽293米的红砂石围墙，陵园占地17万平方米，其中间有一个十字形水池，中心为喷泉。从陵园大门到陵墓，有一条用红石铺成的直长甬道，甬道尽头就是全部用白大理石砌成的陵墓。

陵墓建筑在一座7米高、9.5米长的正方形大理石基座上，寝宫居中，四周各有一座40米高的圆塔。寝宫高7.4米，上部为一高耸的穹顶，下部为八角形陵壁。宫内墙上，珠宝镶成繁花佳卉，光彩照人。寝宫分五间宫室，中央宫室里置放着泰姬和沙贾的大理石石棺。陵墓的东西两侧屹立着两座形制相同的清真寺翼殿，用红砂石筑成。

图12　泰姬陵

泰姬陵建筑的艺术水平很高，集中了印度、中东及波斯的艺术特点。整座建筑雄浑高雅，轮廓简洁明丽。由于它坐落在具有一片常绿的树木和草坪的陵园内，在碧空和草坪之间，洁白光亮的陵墓更显得肃穆、端庄、典雅。

链接 1：世界自然遗产

《保护世界文化和自然遗产公约》第 2 条指出，"自然遗产"包括以下各项：从审美或科学角度看，具有突出的普遍价值的由物质和生物结构或这类结构群组成的自然面貌；从科学或保护角度看，具有突出的普遍价值的地质和自然地理结构以及明确划为受威胁的动物和植物生态区；从科学、保护或自然美角度看，具有突出的普遍价值的天然名胜或明确划分的自然区域。从以下几处世界自然遗产中，我们就可以看到这种突出的普遍价值：

图 13　科罗拉多河

科罗拉多大峡谷是世界上最壮观的峡谷，是地球上最伟大的地理奇迹之一。它位于美国西部亚利桑那州西北部的科罗拉多高原上，最深处 1500 米，由科罗拉多河流经该地时冲刷分割而成。

图 14　科罗拉大峡谷

1919年美国国会通过法案,将大峡谷最深、最壮观,长约170千米的一段划为大峡谷国家公园,1979年大峡谷国家公园被列入《世界遗产名录》。

大峡谷全长约330千米,大体成东西走向,形状极不规则,蜿蜒曲折,迂回盘旋。峡谷顶宽在6千米~30千米之间,往下收缩成V字形。由于河谷地层在结构、硬度上的差异,千百年河水的冲刷鬼斧神工般雕凿出许许多多千姿百态的奇峰异石、峭壁石柱。谷壁底层断面节理清晰,层层叠叠,就像万卷诗书构成的图案,缘山起伏,循谷延伸。从谷底向上,沿崖壁处露出从前寒武纪到新生代各个时期的岩系,水平层次清楚,并含有代表性生物化石,被称为"活的地质史教科书"。

现在科罗拉多河仍在侵蚀着大峡谷。大峡谷地层多样,显示了地球2亿年以来的变化历史。地层里的化石,可以追溯到5亿年前。

伊瓜苏瀑布位于南美洲阿根廷北部和巴西交界处、伊瓜苏河下游,距伊瓜苏河与巴拉那河汇流点约23千米。被誉为"南美第一奇观",是南美洲最大的瀑布,也是世界五大名瀑布之一,也是南美洲有代表性的野生动物貘(食蚁动物)、虎猫、美洲虎和大鳄鱼的快乐家园。

北翼的瀑布群在巴西境内,是两层平台组成的大小瀑布群;南翼的瀑布在阿根廷境内,是两处双层的瀑布群。汛期时,三大瀑布群连成一道垂挂于峭壁之上的天幕,水天一色。当阳光照射到水雾上时,四周就会映现出一道道五彩缤纷的彩虹,场面极其壮观。

图15 伊瓜苏瀑布

阿根廷和巴西在瀑布的南北两侧分别建有国家公园。阿根廷所建的

图 16　乞利马扎罗国家公园

公园称伊瓜苏国家公园，每年 8 月到 11 月是游览的最好季节。

乞力马扎罗山位于坦桑尼亚东北部，与肯尼亚相邻，山地周边面积 756 平方千米，主峰海拔 5963 米，为非洲第一高峰，素有"非洲屋脊"之称，终年积雪的山顶在大草原上若隐若现极其壮观。

乞力马扎罗山实际上有三座火山，通过一个复杂的喷发过程将它们连接在一起。最古老的火山是希拉火山，它曾经很高，但伴随着一次猛烈的喷发而坍塌，现仅有 3810 米高。次古老的火山是马文济火山，附属于最高峰的东坡，隆起的高度有 5334 米。三座火山中最年轻、最大的是基博火山，它在一系列喷发中形成并被一约 2 千米宽的破火山口覆盖。在相继的喷发中，破火山口内发育了一个有火山口的次级火山锥，在稍后的第三次喷发期间，又形成了一个火山渣锥。于是基博巨大的破火山口构成的扁平山顶，成了这座美丽的非洲山脉的特征。

乞力马扎罗山是一座至今仍在活动的休眠火山，占据长 97 千米、宽 64 千米的地域，山体如此之大以致能影响到自身的气候。当饱含水汽的风从印度洋吹来，遇到乞力马扎罗山就自动抬升，然后以雨或雪的形式降水。雨量增加就意味着与周围半荒漠灌木丛截然不同的植物生长在山上。

乞力马扎罗山四周都是山林，那里生活着众多的巨型的哺乳动物，包括一些濒于灭绝的种类。乞力马扎罗山有两个主峰，一个叫基博，另一个叫马文济，两峰之间有一个 10 多千米长的马鞍形的山脊相连，远远望去，它的轮廓非常鲜明，缓缓上升的斜坡引向长长的、扁平的山顶，那是一个真正的巨型火山口——一个盆状的火山峰顶。乞力马扎罗山脉最高处是永久冰川，近年来有迹象表明冰川在后退。山顶的降水量一年仅200毫米，不足以与失去的水量保持平衡。有些科学家认为火山正在再次增温，加速了融冰过程，而另一些科学家则认为，这是因为全球升温的结果。如果这

图17　大堡礁

种情况保持不变的话，乞力马扎罗山的冰帽到2200年就将消失。

　　大堡礁是澳大利亚东北海岸外一系列珊瑚岛礁的总称。它纵向分布在离岸16千米~240千米的珊瑚海上，大致沿昆士兰海岸断续绵延2000多千米，包括约3000个岛礁，分布面积共达34.5万平方千米，是世界上规模最大、景色最美的珊瑚礁群，被誉为"世界第八大奇观"。大堡礁属热带气候，主要受南半球气流控制。

　　大堡礁水域共约有大小岛屿600多个，其中以哈米顿岛、琳德曼岛、蜥蜴岛、丹客岛、磁石岛、海轮岛等较为有名。俯瞰大堡礁，犹如在汹涌澎湃的大海上镶嵌的碧绿的宝石一般。这里分布有400余种不同类型的珊瑚礁，其中包括世界上最大的珊瑚礁。生活着大约1500种热带海洋生物，有海蜇、管虫、海绵、海胆、海葵、海龟（其中以绿毛龟最珍贵），以及蝴蝶鱼、天使鱼、鹦鹉鱼等各种热带观赏鱼。某些濒临灭绝的动物物种（如人鱼和巨型绿龟）也栖息于此，具有极高的科学研究价值。

　　除土著人以外，澳大利亚白人也散居在附近岛屿。旅游业十分发达，并成为重要的经济来源。

　　阿尔卑斯山是欧洲最高大、最雄伟的山脉。它西起法国东南部的尼

图18　阿尔卑斯山

斯,经瑞士、德国南部、意大利北部,东到维也纳盆地,呈弧形贯穿了法国、瑞士、德国、意大利、奥地利和斯洛文尼亚六个国家,绵延1200千米。

　　阿尔卑斯山脉平均海拔3000米左右,最高峰勃朗峰海拔4810米。山势雄伟,风景优美,许多高峰终年积雪。晶莹的雪峰、浓密的树林和清澈的山间流水共同组成了阿尔卑斯山脉迷人的风光。为旅游、度假、疗养胜地。

　　阿尔卑斯山脉的气候成为中欧温带大陆性气候和南欧亚热带气候的分界线。山地气候冬凉夏暖。大致每升高200米,温度下降1℃,在海拔2000米处年平均气温为0℃。整个阿尔卑斯山湿度很大。年降水量一般为1200毫米~2000毫米。海拔3000米左右为最大降水带。边缘地区年降水量和山脉内部年降水量差异很大。海拔3200米以上为终年积雪区。阿尔卑斯山区常有焚风(干热风)出现,引起冰雪迅速融化或雪崩而造成灾害。阿尔卑斯山脉是欧洲许多河流的发源地和分水岭。多瑙河、莱茵河、波河、罗讷河都发源于此。山地河流上游水流湍急,水力资源丰富,有利于发电。

　　少女峰位于瑞士因特拉肯市正南二三十千米处,海拔差不多是珠穆朗玛峰的一半,是伯尔尼高地最迷人的地方,巍然屹立在伯尔尼的东南方,被称为阿尔卑斯山的"皇后",是阿尔卑斯山的最高峰,这里形成了一条瑞士最长的冰河——阿莱奇冰河,可谓是阿尔卑斯山创造的自然艺术。

少女峰于1811年才首次由迈耶(Meyer)兄弟征服。20世纪初,少女峰铁路建成,用隧道及齿轨铁路连接少女峰旁3454米高的小少女峰。位于小少女峰山内的车站为欧洲最高的火车站,上山需时约50分钟,下山则需要35分钟,有"欧洲之巅"之称。小少女峰内建有大型的建筑及复杂的隧道系统,除车站外,还有酒店、餐厅、气象观测站、研究站、电影院等。

少女峰的美充满了活力和变幻。从山下到山顶,一山之内景观截然不同。山顶白雪飘飞,雪雾弥空,一派冰雪世界的奇观。而山腰以下,却有着一眼望不到头的翠绿青草和点缀其间的山花;平缓的山坡上牛群散布,牛铃声回荡山谷;山谷里村落安详恬淡,人们生活简单、质朴而闲适。这一切正构成了阿尔卑斯山区独有的迷人氛围,让每一个来到这里的人都会如入仙境,流连忘返。1930年在阿莱奇地区设立了森林保护区,使阿尔卑斯山特有的高山植物和动物生态系统保存完好,这在瑞士保护生态平衡运动中起了先驱的作用。

图19 少女峰

链接2:世界文化与自然遗产（混合遗产或双遗产）

《保护世界文化和自然遗产公约》第3条指出,本公约缔约国均可自行确定和划分上面第1条和第2条中提及的、本国领土内的文化和自然财产。具备以上两方面条件的就是双遗产。从以下几处世界文化与自然遗产中就可以看到其在文化与自然两个方面所具有的突出的普遍价值:

戈雷梅国家公园位于土耳其中部的卡帕多基省,1985年作为文化与自然双重遗产列入《世界遗产名录》。这里是死火山熔岩经过风化水蚀形成的高原。在过去的地质年代,阿尔盖乌斯火山不同时期喷发的火山熔岩流布各地,由于熔岩成分不同,经过风化和雨水侵蚀形成了许多不同形状的丘陵,有圆锥形、蘑菇形、尖锥形、圆柱形,绝大多数岩石表面平滑光洁,如同经过人工琢磨。古代人在这些丘陵崖面上开凿了许多洞窟,有住房、商店、粮仓,也有教堂和修道院,保存了许多壁画。岩洞内建有各种教堂,这些都是罗马帝国时期人们宗教活动和生活的罕见证据。穴居的村庄和地面下的城镇再现了人们传统的生活环境,这甚至可以追溯到公元4世纪,那时的生活情景现在在戈雷梅德还可以看见。这个国家公园和周围的区域包括不同的城镇、村庄、小村落。大约有20000人住在国家公园范围里,65000多人生活在周围的社区。

传统上当地人的经济来源是农业、陶器制造业和地毯编织业。但到了

图20 戈雷梅国家公园和卡帕多基的岩洞建筑

20世纪80年代,旅游业已成为这一地区的经济支柱。人类在这里居住了1600多年,留下了丰富的人文遗产。从公元4世纪到13世纪,当地居民与自然和谐相处,利用独特的自然环境营建房屋。他们在火山熔岩中开凿出像网络一样的互相连通的洞穴,最早的建于4~6世纪,大都是修道院。后来有住房、商店和

图21　卡帕多基的岩洞

粮仓,也有教堂和修道院,还有一些是防御工事。8世纪上半叶的教堂由于受破坏圣像运动的影响,大都没有壁画和雕像,是破坏圣像运动时期拜占庭艺术不可多得的见证。8世纪下半叶到13世纪的教堂都有十分精美的壁画和雕像。还有许多岩洞虽然开凿于古代,但是现在仍然在使用。由于是岩洞,绝大部分建筑保存得相当好。

　　比利牛斯山脉位于法国与西班牙两国的交界处,是阿尔卑斯山脉向西南的延伸部分,西起大西洋比斯开湾,东迄地中海利翁皖湾南,以海拔3352米的珀杜山顶峰为中心。方圆306平方千米的地区,是欧洲西南部最大的山脉,被列为世界自然与文化双遗产。

　　在西班牙一侧是欧洲两个最大最深的峡谷;法国一侧更加陡峭,是三个大片环形屏障。除雄伟的山脉,这个地区还显现出恬静的田园风光。欧洲高地的人们仍然普遍沿袭以前农业生活方式,进入到20世纪依然如故,到比利牛斯地区,通过村庄、农场、原野、高地牧场和崎岖的山路这些独特的景观,可以去回顾久远的欧洲社会。

　　比利牛斯山海拔在2000米以上,长435千米,东段宽仅10千米,中部最宽达160千米。北部山坡的气候类型属于温带海洋型,年降水量1500毫米~2000毫米,植被有山毛榉和针叶林。南部山坡则属于亚热带夏干型气候,年降水量500毫米~700毫米,植被类型为地中海型硬叶常绿林和灌

木林。

山区景色绚丽，是旅游胜地和登山滑雪活动场所，来此旅游的人络绎不绝。其中西班牙的托儿拉和法国的加瓦尔尼村庄是两处最吸引人的亮丽景点。位于加瓦尔尼的古罗马圆形剧场看上去格外幽雅，有登山爱好者所钟爱的岩石表面和壮观的瀑布。

西班牙和法国分别于 1918 年和 1967 年在各自的辖区内建立了国家公园。法国于 1971 年为比利牛斯山国家公园发行了邮票。1988 年 9 月，法、西两国签订了共同保护这一自然与文化遗产的合作协议。

迦太基古城遗迹位于突尼斯首都突尼斯市东北郊 17 千米处，濒临地中海，这是一座比罗马古城还要早建 60 多年的古城。1979 年，联合国教科文组织将迦太基古城遗址列入《世界文化与自然遗产保护名录》。

迦太基，在腓尼基语中称为"卡尔特·哈达什特"，意为"新城"。腓尼基人于公元前 12 世纪从地中海来到北部非洲后，于公元前 814 年建造了迦太基城，并逐步发展成当时异常强盛的迦太基奴隶制大帝国。当年的迦太基城占地达 300 多公顷，有长达 34 千米、高 13 米、厚 8 米的砖墙以及纵横交错的街道、排列有序的住宅、宏伟高大的宫殿、建筑精美的神庙、布局精巧的剧场、功能多样的体育场、举世罕见的竞技场以及设施先进的公共浴池等。今天尚能依稀可辨的，是当时奴隶制国家迦太基的首府，从公元前 9 世纪末起的 600 余年中，这里一直繁

图22　比利牛斯—珀杜山

图 23 迦太基古城遗迹

荣富庶,盛极一时,成为当时地中海地区政治、经济、商业和农业的中心之一。

  阿拉伯地区自古以来沙漠广袤,气候炎热,降雨稀少,洗澡在人们的日常生活中占有重要的地位,无论是公共建筑还是私人住宅,一项不可缺少的设施就是浴室。其中迦太基古城的公共浴池在罗马人所修造的众多浴池中名列第四位,可见当年迦太基城的盛况。迦太基古城公共浴池于公元前 2 世纪罗马皇帝安东尼时期修建,亦称为安东尼浴池,遗址至今保存较为完整。当年浴池占地 3.5 公顷,建有更衣室、温水室、冷水室、可控温热水室等,并附设有蒸浴室、按摩室、健身室、体操室、热水游泳池、谈话厅等,真是一项浩大的工程。整个浴池的用水是从 60 千米以外的扎古旺通过渡槽引来的,那石筑的渡槽,高达几十米,形成一条气势非凡的"人间天河",至今残存的数段仍然清晰可见,当年那座可以蓄水 3 万立方米的贮水池迄今仍然可以使用。

  迦太基古城遗址内还有一座基督教教堂遗址,是突尼斯境内最早的基督教教堂。在迦太基古城遗址还发掘出一些腓尼基时代的文物，但大多数是坟墓、石棺、墓葬品等，其中最引人注目的是几具公元前 400 年左右的石棺，棺盖上雕有死者的石像，如真人般大小，这显然是受到了当时埃及文化的影响。在迦太基古城遗址还残留着一些公元 534 年至 647 年拜占庭时期的宫殿遗址。

汤加里罗国家公园位于新西兰北岛中南部，面积 765.4 平方千米，建于 1887 年，是新西兰最早的国家公园。公园内有 15 座年轻的火山，其中汤加里罗、鲁阿佩胡和恩奥鲁霍是最著名的 3 座锥形火山。这 3 座火山都在距今约 200 万年前开始喷发，后来仍不断活动，直到现在。整个公园内的群山覆盖着森林，高山雪景，流淌的溪水，风光十分秀丽。1990 年被列入《世界文化与自然遗产名录》，1993 年扩展范围。

汤加里罗国家公园中有活火山和休眠火山，以及变化多端的生态环境和优美的自然景观。中心地带的山脉对于毛利人来说具有文化和宗教上的象征意义，标志着这个部落及其环境在精神上的联系。鲁阿佩胡火山海拔 2797 米，是北岛的最高峰。鲁阿佩胡火山 1945 年的喷发，持续近一年，喷出的火山灰和黑色气体最远飘到惠灵顿。1975 年的一次喷发，气柱高达 1400 米。1995 年 9 月和 1996 年 6 月也曾喷发，气柱和灰尘升腾到几

图 24　汤加里罗国家公园

千米高。冬天山顶有很厚的积雪,盛夏积雪也不完全融化,因为火山灰是上升的。

在其他一些火山口,雨水和融雪水汇聚后会形成祖母绿宝石色的水塘。由于火山的缘故,这里成为地热活动带,有许多地热泉和温泉,可供疗养和洗浴。另外,这里火山活动的奇观,吸引了大量游客和科研人员。火山被当地的土著毛利人认为是神山,经常举行祭祀仪式。毛利人的特殊住房和生活习惯也为外来人所注目。

卡卡杜国家公园位于澳大利亚北部达尔文市以东200千米处,面积达2万平方千米,1981年被列入《世界文化与自然遗产名录》,1987年和1992年扩展范围。

这里有独特而复杂的生态系统,潮汐涨落、冲积平原、低洼地带和高原,是适合各种独特动植物繁衍的理想环境,4万多年来一直有人居住。岩画、石刻和考古遗址记载了从史前时代到现在仍然居住在这里的土著居民的生活方式。这里是一个典型的生态平衡的地区,包括那些潮汐浅滩、漫滩、低洼地以及高原在内,为大量的珍稀动植物提供了优越的生存条件。有的物种在这里已经延续4万多年。这里有许多岩洞,洞内的壁画、石雕以及人类生活遗址,表现的是从远古的狩猎人群和采集人群,直到目前当地的土著居民的生存技能和生活方式。1972年以前,这里是地球上最后一片不为外界人所知的与外界隔离的土著人居住地。数百名土著人仍然过着石器时代群居的原始生活。从考古学和人种学角度评价,这里是人类遗存保存非常好的地方。以前这里是土著自治区,1979年被划为澳大利亚国家公园。

公园里有四种主要的地貌类型。阿纳姆高原西缘有引人入胜的悬崖峭壁、飞流直下的瀑布和幽深诡秘的洞穴。这里是澳大利

图25 卡卡杜国家公园

023

亚北部季风气候区植物多样性最丰富的地区，公园内植物类型超过1600种。最近的研究表明，公园内大约有58种植物具有重要的保护价值。这里的动物丰富多样，是澳大利亚北部地区的典型代表。公园中有64种土生土长的哺乳动物，占澳大利亚已知的全部陆生哺乳动物的1/4还多。公园内有3个考古区，其中有澳大利亚最早的人类居住遗址，从年代和分布推测，最早从印尼群岛迁移来的人首先在这里定居，在后来的几万年间才逐渐迁往澳大利亚的其他地区。遗址内有世界上最早的磨制石器，许多洞穴里有2万多年前的以赭石色为主的彩色岩画。在阿纳姆高原，这种洞穴最多，绘画题材有狩猎英雄和被猎取的野兽。人体画的形象奇特，人头经常是倒三角形、半圆形和扇形，耳朵是方形，躯体和四肢特别细长，也有多头多臂的人体。人物通常是在舞蹈，屈身、跳跃、奔跑的动作样样都有，有的画让人难解其意，很有点现代画的气势。可见当年这些土著人能歌善舞，长于奔跑，富于幻想。这些绘画具有高度的文化价值和艺术价值。这些遗址也为澳大利亚的考古学、艺术史和人类史提供了珍贵的研究资料。

链接3：非物质文化遗产

以上我们讲到的金字塔、神庙、城市(佛罗伦萨)、国家公园、大峡谷、瀑布等都属于物质形态的范畴。另外还有大量非物质形态的文化遗产，是人类所创造的文明中未能以物质形态固化的部分。如果综括联合国教科文组织历次确认并一再修改的定义，人类非物质文化遗产的概念表述出来就是：通过群体或个体口头表达的、来自传统而被同一文化社区所采用的、能够代表其文化与社会特性的形式，主要有口头传说、表演艺术、风俗礼仪、工艺技能、故事、神话、信仰、习惯、仪式等。1997年，联合国教科文组织首次提出了人类口述和无形文化遗产的概念；2001年5月18日，联合国教科文组织公布了世界首批"人类口述和无形文化遗产杰作"，并把它们列入"口述和无形文化遗产名录"。非物质文化遗产的概念比有形遗产(物质形态的文化遗产)的提出(1972年)，整整晚了近30年的时间。在认识这种遗产的过程中，对其表述几经变更，先是叫"人类口述和无形文化遗产"，后来又叫"口传与非物质遗产"，最后才提出了"非物质文化遗产"的概念。

物质遗产是人类既往文明的固化生成物。将物质形态与非物质形态一并囊括，人类文化遗产的范畴就更加完备了。

Part 2 SICHOU ZHILU JICHU ZHISHI

第二章　丝绸之路基础知识

图 26　丝绸之路路线全图

(一)什么叫丝绸之路

1.丝绸之路的一般概念

丝绸之路是指古代中国同西亚、南亚、北非以及欧洲各国开展商品贸易、技术交流和文化往来的通道。由于当时西方人对中国最感兴趣的代表性商品是丝绸,后人就把这条东西方交流往来的通道形象地称呼为"丝绸之路"。一般认为,丝绸之路东起中国的洛阳、西安,通过大体沿东西走向的多条路线,经过甘肃、青海、新疆等地,西至南亚印度、北非埃及和欧洲希腊、罗马至法国、荷兰,最长路的距离为 7000 多千米。

通过这条通道,中国的丝绸、瓷器、茶叶和造纸、印刷、冶炼等技术传到了西亚、欧洲;西方的胡桃、葡萄、苜蓿等植物新品种和珍禽异兽以及杂技、魔术、胡乐等传到了中国。特别是佛教在我国传播后,不少僧侣来我国建寺开窟,将绘画、雕塑与建筑融为一体,形成了独特的佛教艺术,西域佛曲与唐乐结合,音乐与文学结合,对我国的词、曲繁荣和发展起到了积极的推动作用。

丝绸之路是一条多彩的路。在这多彩的路上,有众多寺庙、石窟、雕塑、壁画，有星罗棋布的遗址、古堡、关楼、简牍，像一颗颗璀璨的明珠，闪烁着诱人的光芒。它们是各民族人民共同创造的绚丽多彩的古代文明，是人类社会进步的标志。

丝绸之路是一条神奇的路。在这神奇的路上，曾发生过许许多多神奇的事件和神奇的人物。于是，这些神奇的事件和人物就成为文人墨客们的"猎物"，各种各样的小说、诗歌、音乐、舞蹈、戏剧、电影、电视剧、书法、绘画、摄影等文学艺术作品便应运而生，丝绸之路文化得到了空前的繁荣。

丝绸之路不仅是人们向往和观光的目标，而且是许多学者潜心研究的热门课题。"丝绸之路热"必然会导致"丝绸之路学"的形成，我们相信在不久的将来，一门完整的、科学的丝绸之路学会展现在人们的面前。

近年来，由联合国教科文组织协调，中国和中亚各国联合申报丝绸之路为世界遗产的工作，正紧锣密鼓地进行。作为一条世界性的文化线路，丝绸之路对推进人类文明进步有巨大的作用。即使到了近现代，虽然由于国际政治秩序的变化和海上贸易的畅通，丝绸之路在传统意义上的作用逐渐走向衰退，但它作为世界性文化遗产的价值却越来越突出地显现出来。

2.丝绸之路名称的由来

丝绸之路作为一条古代中国联结中亚、西亚、南亚、南欧、北非的大陆商道，在历史上曾长期担负着东西方商业贸易、外交来往和文化交流的重任。自从汉代张骞通西域以后，中国和中亚及欧洲的商业往来极为频繁。通过这条贯穿亚欧的大道，中国的丝、绸、绫、缎、绢等丝织品，源源不断地输向中亚和欧洲。西方人接触到的第一件使他们迷醉的东方神奇物品就是丝绸。据载，公元前最后一个世纪，在凯撒大帝的身体力行下，罗马贵族以穿戴光彩夺目的丝织品为荣。一时间中国丝绸比黄金还贵，使罗马帝国黄金外流。此外，从古代希腊的人物雕塑和陶器彩绘人像中，从埃及木乃伊的装裹上，都可以看到中国丝绸当时盛行的影子。古代西方最早认识中国是从丝绸开始的。希腊、罗马在公元前3世纪时，甚至把中国称作"赛里斯国"（丝绸的希腊文音译），把中国人称为"赛里斯人"。从2~14世纪前后，丝绸之路是连接世界文明发祥地中国、印度、两河流域、埃及以及古希腊、罗马的重要纽带。在经由这条路线进行的贸易中，中国输出的商品中最具代表性的就是丝绸。

然而这一史籍多有记述的商道通途，却在相当长的时期内没有一个固定的名称。直到19世纪70年代，德国地理学家李希霍芬才在《中国》一书中首倡"丝绸之路"之名。他说："从公元前114年到公元127年间，中国与河中地区（指中亚的阿姆河与锡尔河之间的地带）以及中国与印度之间，以丝绸贸易为媒介的这条西域交通线……应称之为'丝绸之路'。"以后东洋史学家阿尔马特·郝尔曼在其名著《中国与叙利亚之间的古代丝绸之路》一文中主张将"这一名称的含义进而一直延长到通向遥远西方叙利亚的道路上去……叙利亚尽管不是中国生丝的最大市场，也是其较大市场之一，而且叙利亚主要是从通向亚洲内地及伊朗的这条通道获得生丝的。"此后，这一名称在中外学术界得到认可，成为两千多年来中西交往的代名词。

从中西交往的时空上讲，广义的丝绸之路是从上古开始陆续形成的、遍及欧亚大陆甚至包括北非和东非在内的长途商业贸易和文化交流线路的总称。东段已经到达了韩国、日本，西段至法国、荷兰。通过海路还可达意大利、埃及。

丝绸之路作为世界上一条古老的重要陆上交通干道，在漫长的形成、发展过程中，曾是联结中国、印度、希腊、埃及、巴比伦等世界闻名古国的纽带；在它所经过的地区，出现过波斯帝国、马其顿帝国、罗马帝国、奥斯曼帝国等横跨欧、亚、非的世界大帝国，诞生了对后世思想文化产生重大影响的佛教、基督教和伊斯兰教。对于这样一条在中国和世界历史进程中发挥了重大作用的交通干道，要用很概括的语言确切讲清它的所有线路是困难的。随着历史的延伸，随着各时期沿途各地政治、军事、经济形势的变化，丝绸之路也在变化。原有的某段线路沉寂了，新的线路又开通了；这个时期已经衰落的线路，下一个时期却又兴旺了起来。而且即使在同一个时期的不同阶段，也往往有几条线路并行，有许许多多支道相互联结沟通，纵横交错。

所以这里讲丝绸之路的线路，也仅仅是就它的几条主要干道而言。而这几条主要干道，因为总是联结着沿途一些历史久远的重要城镇，因而又具有相对的稳定性。主要有以下几条：

绿洲沙漠丝绸之路　经河西走廊与新疆，这是一条早期由新疆和田经河西走廊向中原输送美玉的路线，因而一度被称作玉石路，后来在漫长的商贸交易中，又因丝绸成为向西域、中亚、西亚和欧洲输送的主要物品转而被称作绿洲沙漠丝绸之路。

草原丝绸之路　这条路线秦汉时期就已贯通，是横跨欧亚大陆北方草原地带的交通要道，曾被称为皮毛路或北大路的草原丝绸之路。其北线的开拓，肇起于北匈奴西迁之时，东起于西伯利亚高原，经蒙古高原向西，

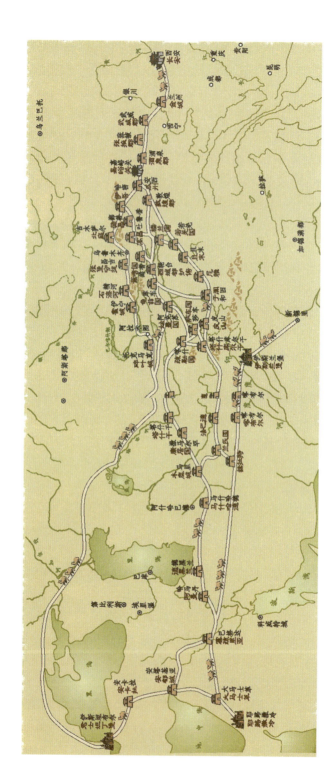

图 27　古代丝绸之路示意图

再经咸海、里海、黑海，直达东欧。其南线，东起辽河，沿燕山北麓、阴山北麓、天山北麓，西去中亚、西亚和东欧。这两条线路，向南纵横交错又与中原相连接。

海上丝绸之路　这条路线在南北朝时期即与北方丝绸之路同时开通，并在明末发挥了巨大作用。它起于中国沿海地区，经东南亚、斯里兰卡、印度等地，再经红海、地中海抵达非洲东海岸等地。

南方丝绸之路　在我国西南还有一条经云南、广西、四川等地进入缅甸、印度的通道，这就是在元代以后取代北方丝绸之路成为陆上交流通道的南方丝绸之路。

绿洲沙漠丝绸之路在中国境内以洛阳、长安为出发点，进入甘肃的天水、平凉，再自东向西分南北两道进入河西走廊，然后到达新疆。

绿洲沙漠丝绸之路在甘肃境内线路图南道经陇西、渭源、临洮、西宁、扁都口过祁连山抵张掖。北道则经平凉、固原、景泰抵武威。进入河西走廊之后，绿洲相连，道路畅通，由武威、张掖、酒泉直抵敦煌。此外，虽然还存在有不经过河西走廊的草原路，即由蒙古草原和青海草原绕过河西走廊进入新疆，但此路并不受官方管辖和保护。因此，河西走廊一直是人们首选的最方便、最快捷的丝路要道。

总的来讲，丝绸之路在唐中期以前以陆路为主，陆路中又以绿洲沙漠路为主。从河西走廊通过新疆的绿洲沙漠路，始终是古代中西联络的主要通道。这里介绍的主要是绿洲沙漠丝绸之路，目前正在由中国和中亚各国联合申请世界文化遗产的也是这条绿洲沙漠路。

(二)丝绸之路的开拓

1.中西之间的交往与联系

中西之间的交往与联系在远古时期就已经开始，但那毕竟带有很大的偶然性和盲目性，属于民间性质。作为国家外交活动的相互往来，则是从汉代开始，也就是在张骞通西域和设置河西四郡之后。纵观东西方历史，丝绸古道上东西方经济贸易有汉、唐、元三个高潮时代。这恰好与丝绸古道的畅通相一致：丝路畅通，则经济贸易频繁；丝路阻塞，则经济贸易萧条。

进入汉代以后中国经济繁荣，人口随之剧增，遂开始向南发展，跨过长江，同化了土著部族，并且慢慢地向珠江流域延伸。但此时北方的领土安全却受到了匈奴人的威胁，秦代修筑的长城虽能在局部地区阻挡入侵者的脚步，却不能解除匈奴人随时来犯的边患。公元前 2 世纪，强悍骁勇、善于骑射的匈奴人在单于统属下，击垮了生活在敦煌和祁连山一带的大月氏人，称霸大西北，切断了汉王朝与西方世界的联系，并时时挑衅进犯。雄才大略的汉武帝没有坐视侵犯，为了安定边塞，打开联系西域的通道，一边直接派兵阻击匈奴的侵扰；一边公开招募有志者出使西域，联合被匈奴逐出家园远居西域的大月氏和乌孙，夹击匈奴。

2.汉武帝设置河西四郡

从元光二年（公元前 133 年）开始，汉武帝凭借着汉初几十年休养生息而日渐强大的国力，开始大规模地反击匈奴。元朔二年（公元前 127 年），车骑将军卫青率军收复河套以南地区，解除了匈奴对长安的威胁；元狩二年（公元前 121 年），骠骑将军霍去病率军两次打击匈奴，在张掖、山丹和武威一带大败匈奴，逼迫匈奴浑邪王杀休屠王，率部下万余众归顺汉朝；元狩四年（公元前 119 年），卫青与霍去病各领骑兵 5 万人，分道出击匈奴，匈奴王单于溃败逃走，精锐丧失殆尽。卫青率军追击匈奴直至赵信城（今蒙古国杭爱山以南）。霍去病大败匈奴左贤王部，生擒匈奴屯头王、韩王等 3 人，斩俘兵士 7 万余众，迫使匈奴退至狼居胥山一带（今蒙古乌兰巴托以东）。从此，河西走廊东起兰州，西至罗布淖尔（今罗布泊）的广大地域始归汉朝版图，西域一带渐趋安定。为了加强对河西的开发和管理，汉武帝在两邀月氏、乌孙不归的情况下，于公元前 111 年在河西走廊设立了武威、酒泉两郡，徙民屯田，开始经略河西，以通西域诸国。因酒泉辖地千里，不便管理，后分别于公元前 107 年和公元前 67 年又在其东端和西端设了张掖郡和敦煌郡。史称"河西四郡"。与此同时，还在河西走廊的北边修筑了一条与走廊平行的长城（今永登至酒泉），历史上有名的玉门关和阳关就坐落在汉长城最西端的敦煌境内。

汉武帝在对匈奴进行军事打击之前，还先后两次派遣张骞出使西域（第一次为公元前 139 年至公元前 126 年），以沟通汉与西域各国的关系，联络各国共同对付匈奴的侵扰。张骞不辱使命，历尽千辛万苦，终于促成了西域各国与汉朝的往来交流关系，使乌孙、大宛、康居、月氏、安息、大夏等国与汉王朝互通使节，开始了经济、文化等方面的交流。史称此为张骞"凿通西域"。汉能通西域，张骞当居首功。

链接 1：张骞出使西域

张骞凿通西域后，公元前 60 年，汉朝又在乌垒城（今新疆轮台附近）

设立了西域都护府,任命郑吉为都护,管辖所及包括今天新疆和中亚的一些地区,就连大宛、乌孙等也都属西域都护管辖。广阔的西域从此列入了中国统一政权的版图之内。丝绸之路自此开始畅达,并得到中央政权的有效治理和保护。

汉武帝招募使者时,有一个小官吏站出来接受挑选而且被选中,此人就是张骞,他来自汉中郡成固(今陕西省城固县)。

公元前139年,汉武帝派张骞带领一个百人使团,其中有善射的胡人甘文做贴身随从,开始了有文字记载的历史上前所未有的西域之行。这就是著名的"凿空之举"。

要通过匈奴人控制的河西走廊,等于九死一生,但不能阻挡心高志远、担负使命的张骞。尽管他细心谨慎,可还是被发现而遭到囚禁。他的使团绝大多数人也都下落不明。在他长达十余年的囚禁生活中,被迫取胡女为妻生子,但始终秉持汉节,不曾忘记自己的使命,一次寻机逃了出来,依然西行去寻找大月氏。一路上横穿西域,翻越葱岭(今帕米尔高原),经过大宛(今吉尔吉斯斯坦),终于在大夏国(今阿富汗与塔吉克斯坦、哈萨克斯坦交界的阿姆河一带)找到了大月氏人。然而他长期被囚,不知大月氏通过战争已使大夏臣服。而且,这一带土沃草丰,气候宜人,大月氏人再也无心东返,报仇雪恨。在归途中,张骞改走南道,还是被机警的匈奴人俘获。等到他再次逃出,带着妻儿与随从甘文回到长安,已经失却了十三年漫长的生命岁月。

元朔三年(公元前126年),乘匈奴内乱,张骞乘机逃回汉朝,向汉武帝详细报告了西域情况,汉武帝授他太中大夫。张骞在大夏时,得知由蜀(今四川盆地)西南取道身毒(今印度)可通大夏国,因此向武帝建议开西南夷道,但为昆明夷所阻,未能实现他的愿望。

公元前119至公元前115年,张骞第二次出使西域,远到驻牧于伊犁河流域的乌孙国,分遣副使往大宛、康居(今哈萨克斯坦)、月氏、大夏等旁国。此行目的是联合伊犁河流域的乌孙人夹击匈奴,但却赶上乌孙人发生内讧,这一次目的仍未达到。但他却利用这个机会,与西域和中亚诸国广结友好,并建立了官方互通使节的关系。西域各国也派使节回访了长安。乌孙遣使送张骞归汉,并献马报谢。张骞的西行还获得了西域与中亚社会、经济、文化、风物、地理、交通的大量信息。汉王朝与西域的通好,不仅孤立了匈奴,而且建立了汉王朝与域外广泛的经济文化联系。张骞两次出使西域,沟通了东西方交流,使汉与西域各国开始了正式往来,丝绸之路

就此正式开通。

链接2：东汉二次开通西域的勇士班超父子

东汉（25—220年）立国后，局势逐步稳定。汉明帝（58—75年在位）派大将窦固进驻河西，打击北匈奴，重新开通西域。一批勇士踏上了重新开通丝绸之路的征途，其中最出名的就是班超。

班超（32—102年）出生在文士家庭，是汉代史学家班彪之子、《汉书》的编撰者班固之弟，三人合称"三班"。但班超选择了不同的道路，他投笔从戎，到大将军窦固军中任职，不久奉命出使西域，加入到了汉朝稳固边疆的事业中去，成为东汉名将。

链接3：河西的古代民族：月氏、匈奴、乌孙、回鹘

月　氏　月氏是中国古籍中肉支、禺氏、禺知或虞氏的转音。它是先秦时期活动于河西的一个重要民族，在河西地区最早建立城市。据传，今永昌县双湾乡的三角城、临泽县邵武村的邵武城均为月氏人所建。黑水之畔的邵武城曾是月氏在河西地区的活动中心，今已不存。

大月氏人曾越过阿姆河占领了大夏全境，以阿富汗北境马扎里沙里夫以西约23千米处的大夏王都蓝氏城为都城。这也是原希腊—巴克特利亚王国的首府巴赫尔。大月氏王把大夏分为五个封国，由其子弟休密、双靡、贵霜、肸顿、都密等五翕侯分管。大约在1世纪初，大月氏人西迁中亚200年之际，五翕侯之间发生兼并战争，最后由贵霜翕侯统一了大月氏，建起了历史上著名的贵霜帝国，把大月氏推向了全盛时代。帝国最盛时，西北至咸海，西达伊朗东部，东到塔里木盆地以南，南至巴基斯坦中部，是当时中亚的一个大国，同中国、罗马、安息并列为当时世界四大国之一。

大月氏来到大夏不久，就放弃了自己的传统语言，融汇、吸收了大夏人印欧语系的东伊朗语。文字起初使用希腊文，以后北部创造出粟特文，南部使用佉卢文（古印度文），还有一种用希腊字母表达东伊朗语的文字，人称贵霜文或吐火罗文，同时也使用花剌子模文。

乌　孙　乌孙是与月氏同时代生活于河西地区的一支土著民族，西汉以前，月氏与乌孙分居于河西走廊的东西两端。月氏居东，乌孙居西，二者大致以张掖至酒泉间为界。

在公元前的几个世纪中，月氏是河西地区势力最强的民族，乌孙、匈奴均受其控制。大约在公元前180年左右，发生了月氏攻杀乌孙王难兜靡的事件，河西走廊全境遂归月氏人。乌孙实际上已经国破家亡了，余众被

迫徙往匈奴属地哈密、巴里坤一带。此时，难兜靡的儿子昆莫（王）猎骄靡刚刚降生，由辅佐他的一个翕侯布抱着逃亡，并藏匿于草丛中。待不久回来寻找时，却发现一头母狼在给昆莫喂奶，并有衔着肉的鸟在他的身旁飞翔。这个神话也说明了亡国的乌孙王子最后由匈奴收养的历史事实。因为狼是匈奴的图腾和象征。

乌孙王子猎骄靡在匈奴单于冒顿的关怀、照应下长大了。在此期间，冒顿单于在公元前 174 年左右举兵攻击月氏，迫使月氏大部离开河西走廊西迁，河西地区尽归匈奴所属。猎骄靡成人之后，冒顿遂将乌孙部族交还给他，并由其"控弦数万"，参加匈奴的征战，屡立战功。大约在公元前 160 年左右，乌孙昆莫在匈奴老上单于的支持下，举族西迁至伊犁河流域，西征大月氏，杀大月氏王，"以其头为饮器"，报了昔日杀父之仇，并迫使大月氏迁徙至大夏（今阿富汗）境内。此后，为了摆脱匈奴的控制，乌孙就留居在西部天山以北、伊犁河流域至伊塞克湖这片广阔的草原地带，大量融合了未迁走的月氏、塞种，不断壮大自己的力量，一度有人口 60 多万，成为西域各国人口最多的民族和最大的王国，并在伊塞克湖东南部建立了王都赤谷城。

乌孙虽无意东迁，但其昆莫猎骄靡也明白只有联汉才能彻底摆脱役属匈奴的命运，于是派使臣到长安，请求"尚汉公主为昆妻"。汉武帝同意了乌孙的要求，即遣江都王刘建之女细君公主出嫁昆莫。昆莫即以细君为右夫人。匈奴知道后，深恐乌、汉结盟于己不利，急忙遣女嫁乌孙昆莫为左夫人。时昆莫年迈，长子早死，即要求细君"从胡俗"，嫁其长孙军须靡。不久，细君公主病故，汉廷又以解忧公主嫁与继承了乌孙王位的军须靡。细君公主、解忧公主和冯嫽出嫁乌孙，对坚定乌孙摆脱匈奴控制的信心，推动乌孙历史的发展，促进乌孙与汉王朝建立紧密的政治、军事、经济联系直至统一于中国，都做出了重大的贡献。

乌孙王国与汉王朝及中原后续王朝的政治联系自此没有间断。直到 437 年时，中国历史书中还有乌孙与北魏互通使者并帮助北魏联系西域诸国的记载。北魏以后，乌孙与内地的关系即失载于史。乌孙是中国古代历史中一个存在时间较长的民族，是组成中华民族、维护祖国统一的一支重要的力量。它虽然远离了养育它的河西故地，但其保持了与中原政权间长达 600 多年的联系，这在中华民族发展史上是十分罕见的。

匈　奴　匈奴是对古代中国和古代欧洲的历史产生过重大影响的民族。"匈奴"原意直译为"人"或"群众"、"居民"、"土民"，意为"天帝之子"。

约源于远古时期人对天神的信仰和崇拜。

匈奴的族源与商周以来史书记载的鬼方、畏夷、隗国、獯鬻、荤庚等有着密切的渊源关系，属蒙古利亚人种。它不仅是北方边疆各民族的先民，同时也是汉族先民的重要成员之一。据史料记载和考古发掘证实，匈奴民族早在公元前约 8 世纪左右就已经在中国北方的广大地区建立起了氏族部落。公元前 3 世纪时，匈奴人已进入铁器时代，生产力水平和军事实力大大加强。头曼单于统一了匈奴各部，以鄂尔多斯高原为中心，建立起了机构齐全的匈奴族奴隶制国家。公元前 209 年，曾质于月氏的匈奴王子冒顿杀父自立，在整顿、巩固内部的同时，积极对外扩张，北灭丁零，西击月氏，不断开拓疆土，把匈奴国家的发展推向了鼎盛时期。活动范围最盛时遍及贝加尔湖、阿尔泰山等北方广大地域和西北地区，其政治中心也由鄂尔多斯渐移至漠北和河西走廊地区，并在西域置"僮仆都尉"。匈奴大肆扩张的结果，引发了与建立不久的西汉王朝长达 300 年的矛盾和冲突。公元前 201 年，冒顿单于纵兵数十万，把汉高祖刘邦围困于山西白登(今大同市东北)地区 7 日。公元前 166 年，匈奴入侵汉王朝的哨骑一度抵达长安甘泉宫附近，"京师震恐"。由此，汉王朝从建立之日起，便视匈奴为强敌，不断开展针对匈奴的外交和军事行动。

回　鹘　回鹘又称回纥、韦纥、乌纥、袁纥等。公元 788 年，其可汗上书给唐，愿称"回鹘"，"义取回旋轻捷如鹘也"。回鹘的族源可追溯至纪元前在今贝加尔湖一带生息的赤狄、丁零，后被称为敕勒、铁勒。因其"俗多乘高车"，故又被称为"高车"，与一度雄踞于漠北和中亚地区的突厥同族。

回鹘作为敕勒或铁勒的一支，其起源地在今蒙古国鄂尔浑河流域。680 年后，突厥势力强大，奴役回鹘等部，回鹘等部被迫南迁河西甘、凉一带。8 世纪初，回鹘各部在唐的支持下，攻灭后突厥，重返漠北，建立起了一个控制大漠南北的大汗国。回鹘汗国后期，内乱频繁，连年天灾，后突厥黠戛斯汉(吉尔吉斯人)乘机进攻，于 840 年杀可汗，灭回鹘汗国，回鹘各部解体，各自向西、向南逃奔。西迁的一支分为两部分，一部分迁入新疆境内。一部分则进入甘肃河西地区。

9 世纪中期以后，进入河西地区的回鹘，与原来留在河西的回鹘人汇合，在甘州(今张掖市)建立了政权，故通称这部分回鹘为甘州回鹘或河西回鹘。由于河西地区当时处于吐蕃控制之下，故甘州回鹘依附于吐蕃。10 世纪中叶，甘州回鹘在河西地区的势力逐渐强大，其势力范围以甘州为中心,西至肃州(今酒泉市)、瓜州(今瓜州县)、沙州(今敦煌市),东至凉州(今武威市)、兰州、秦州(今天水市),东北至贺兰山(今宁夏一带)而且与波斯、印度、罗马等也有商业交往。

从840年迁至河西至甘州陷落,甘州回鹘政权存在近200年,共传可汗10位。此后甘州回鹘隶属西夏,1227年西夏被蒙古击灭,甘州回鹘遂归蒙古。

1954年2月20日,中国诞生了一个新的民族自治县,这就是位于河西走廊祁连山北麓的肃南裕固族自治县。根据裕固族的传说和史料记载,一般认为裕固族就是甘州回鹘的直系后裔。

(三)早期活跃在丝绸之路上的中外商旅

在航海尚不发达的古代,远程贸易主要在陆路上开拓和延伸,交易的路途短则数月长则数年。往来于丝绸之路上的商旅运载货物主要靠骆驼、马匹、毛驴、骡子等,其中尤以骆驼为主,以至大型的商队常常拥有数十头甚至数百头骆

图28 各国贸易往来

驼。汉武帝博采众长,发展中国自身经济和文化,使汉代商贸进入了繁荣时期。而此时正值西方的罗马帝国创建伊始,地中海的大部分大贸易都是由希腊人和罗马人操控。另外,还有一个非常敢于冒险的民族,他们已经控制了很大一部分贸易实业,这就是犹太人。

1. 繁荣的汉代商贸

丝绸是商队通过丝绸之路远销西方的主要物品,也是最受中亚、西亚、南亚、欧洲人欢迎的货物。一些西域国家随着丝绸贸易的日益兴盛而

成为中转站,并积极参与丝绸的贩运。例如丝绸之路南道与北道交汇处的疏勒(今新疆喀什),就是商队西越葱岭之前的重要集散地。又如善于经商的康居国(今哈萨克斯坦境内巴尔喀什湖至咸海之间),他们的商人成群结队地赶着骆驼,带着皮毛、香料等货物到长安换成丝绸,然后再贩运到伊朗和中亚等地。历史上地处中亚丝绸之路要道上的安息(伊朗),商业非常发达,是一个同汉朝贸易关系相当密切的大国,曾长期控制着中国同西方的丝绸贸易。位于地中海东岸地区的大秦(罗马),则是中国丝绸最大的消费国,为了打破安息对丝绸贸易的垄断,曾与安息发生多次战争,并试图寻找和开辟直接与中国交往的新途径。

西出洛阳或长安前往西域的中国商队,是贩运输出丝绸的一支主力。汉朝派出的使节,往往就是官办的贸易队伍,庞大的驼队携带着大量的锦帛、黄金和牛羊。每年都有成批的使团,沿着丝绸之路,经过长途跋涉,和远方的乌孙人、大月氏人、波斯人、希腊人、印度人打交道,交换货物,沟通关系。中国的商队在汉代就已达中亚、西亚、南亚的许多国家,在阿姆河流域、里海北部、伊朗高原、北印度、美索不达米亚、叙利亚以及地中海沿岸,都留下了他们的足迹。

2.跨国商贩——希腊人和犹太人

希腊人世代多有冒险商人。时至今日,在整个红海(古代厄里特利亚海)和印度洋,从塞得港一直到马达加斯加,我们都可以看到许多有希腊人开办的大型商行,在那里经营欧洲货。

在亚历山大大帝时代,所有陆地上的冒险者和航海探险家都被吸引而来,从马赛到巴比伦,希腊人聚落星罗棋布,并且还扩展到了阿富汗和印度—希腊人王国。商行到处呈现出一派买卖兴旺的景象。罗马帝国创建伊始,地中海的大部分贸易都由希腊人和罗马人操控,甚至在罗马,许多代理商都是希腊人。希腊的商务所财源茂盛,欣欣向荣,他们在首都中心街头建立了许多阔气的商店。希腊语成了商业语言,甚至犹太人也说起了希腊语。海路的船员和船长们也都是希腊人或叙利亚人,他们穿梭往返于整个地中海地区,从叙利亚海岸和亚历山大港出发,把东方的货物一直运到罗马。在这些东方货物中,最受欢迎的仍是丝绸,它们来自中国,并在叙利亚重新进行了加工。商人们又把意大利的葡萄酒和其他成品,如高卢或西班牙的原料,甚至包括来自日耳曼地区的奴隶,装上船运往亚历山大;有时候也空船出发,或以扁豆袋压仓。他们很快便冲过地中海的界线,大胆地向世界扩张。

犹太人又叫希伯来人或以色列人。当时的罗马帝国则称他们为犹太教徒、巴勒斯坦人或耶路撒冷人。他们敢于冒险、善于经商,其优秀的才干和坚忍不拔的精神,被用于为自己和罗马人谋取最大的福利。在罗马帝国奥古斯都执政期

图29　希腊人和犹太人

间,人口众多的巴勒斯坦居民,加上分散于罗马帝国各地的犹太人,总数六七百万左右。犹太人人口增长快,活动能力又强,在地中海沿岸国家的经济、政治和思想领域都起着重要作用。

犹太人的足迹遍及四方。意大利的西西里和撒丁岛、西班牙、高卢、日耳曼、不列颠、多瑙河流域各地、黑海沿岸地区、希腊各岛屿、小亚细亚和叙利亚、亚美尼亚、波斯诸省、阿拉伯半岛、北非以及罗马,都有犹太人居住。在亚历山大港,犹太人垄断了江河航运。他们是商业的承包人,并且在叙利亚开辟了市场。他们还以琉璃匠人、丝绸工人和印刷工人闻名于世。同时还操控了一部分同远东的丝绸贸易。犹太人在巴比伦学会了纺织技术,耶路撒冷和亚历山大变成了犹太人的大型纺织中心。丝绸刚一进入工业领域,犹太人就掌握了纺织工艺,贝鲁特很快就成了犹太丝绸工人的中心。印染工业也是犹太人的专长之一。犹太人多为琉璃工匠,他们用琉璃工艺品和项链珠子交换丝绸。

图30　交易品

图31　交易品

（四）丝绸之路的黄金时期

1.开放的盛唐

唐朝是中国历史上最强盛的王朝,在这一时期,中原和西域地区又一次实现了大一统的局面。在唐前期 100 多年的时间里,国家昌盛,对外关系也呈现出前所未有的开放局面。唐太宗贞观十四年(640 年),唐在龟兹(今新疆库车)设立安西都护府;武则天长安二年(702 年),又在庭州(今新疆吉木萨尔)设立北庭都护府,使唐的管辖范围扩至整个天山南北,直至葱岭、波斯、阿尔泰山和巴尔喀什湖以西的广大地区。西方史学家称唐朝是一个"开放的帝国",长安是"世界的首都"。世界各国的人,包括波斯商人、粟特巧匠、罗马教士、阿拉伯水手、印度佛教徒、日本遣唐使,以及伊斯兰教徒、祆教徒,都聚集到中国来。中外经济贸易与文化交流的活跃开展使丝绸之路进入了黄金时期。

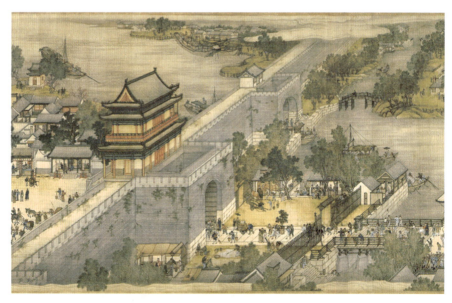

图 32　宋城

2.丝绸之路上的商镇

隋唐时期丝绸之路的畅通与发展使欧亚大陆地区形成了以中国、东罗马帝国、波斯、印度、阿拉伯大食国以及中亚诸国为中心的经济区域。这个区域在西汉以来以丝绸贸易为主要内容的经济活动刺激下，日益加深了各国之间的关系，产生了许多商镇或商品集散中心，有的已经具备了国际贸易城市的性质和功能，支持着丝绸之路贸易的繁荣。中国的都城长安和东都洛阳遂成为当时驰名世界的国际性都市。

长安　长安城从其作为西汉国都的时候就已奠定了发展的基础。西汉是中国历史上第一个全力经营丝绸之路、发展中西交通的封建王朝，汉长安城遂成了丝绸之路开辟之后，作为丝绸之路起点的第一座国际化大都市。"长安九市"正是这一巨大都城中的商业区。

汉长安城是作为"赛里斯国"（即丝绸之国）的都城驰名于丝绸之路的。尽管西汉以后数百年间长安城不再是中国都城，但丝绸产地国的地位使中国都城无论长安，还是洛阳，都处于国际商埠的重要地位。当隋唐丝绸之路再次畅通，东西方贸易进一步发展时，长安城再次成为国际化大都市。唐长安城是中国古代建筑艺术的杰作，城市呈长方形，南北长8.4千米，东西长9.7千米，面积有81.8平方千米。金碧辉煌的皇宫——大明宫雄踞于城北的龙首山，巍峨的含元殿是皇帝接见外国使者的地方。城中的主干道朱雀大街竟有155米宽，而当时罗马最宽的街只有12米。

唐长安城有12个城门，城西的开远门是通往丝绸之路的出发点。当年的西域来客，都由此门进入长安。据史书记载，唐代与70多个国家和地区有着友好往来的关系。

唐代丝绸之路的繁荣，也促进了文化艺术的融合。唐朝宫廷中经常演奏的十部乐，来自西域的龟兹、安息、疏勒、高昌、康居国乐就占了一半。西域乐舞曾在长安流行一时，唐玄宗本人对西域乐舞爱好极深，甚至可以亲自作曲，指挥乐队，还能击一手好揭鼓。可见西域乐舞在中原的兴盛和普及。随着西域人大量涌入，长安城中的生活方式也产生了很大变化，模仿"胡人"成了一种时髦。

除了佛教以外，来自西方的其他宗教也在长安广为传播。如来自波斯的祆教（拜火教），在长安有四处庙宇，称为"胡天祠"。罗马东正教的一支——景教，在盛唐时代传入中国。

在唐代的长安，世界上大多数物品都能买到，各国的音乐舞蹈都在这儿流行，不同的僧侣教徒在这里和平相处，不同的文化在这个国际都会相互交流，吸引了世界各地的人来这里观光学习，有的甚至在这里长期定居。东亚的日本每年都要派遣大批的使节和留学生来中国学习。日本古都奈良就是仿照长安建筑修造的，日本的文字来自于唐代的草书，唐朝人的相扑现在是日本人的国技，今天日本的民族服装和节日庆典还保留着唐朝的遗风。

洛阳 地处中原腹地，曾为十三个王朝都城，八个王朝的陪都。历来为中国政治、经济中心之一。东汉班超以都城洛阳为起点，两次出使西域，功业不亚于张骞，自那以后，洛阳与长安成为丝绸之路上同等重要的都市。东汉张衡《东京赋》盛赞洛阳"藩国奉聘，要荒来质，具惟帝臣，献琛执贽"。魏晋南北朝以来，中原地区经济发展水平逐渐超过关中，洛阳不仅成为当时国内的商业中心，而且成为国际贸易的重要都市。南北两段运河开通之后，洛阳成为全国工商业最集中的城市和丝绸、瓷器、茶叶、漆器、珠宝的加工集散地，为丝绸之路贸易提供了丰富的商品来源。

洛阳到唐代后与长安并称两京。唐初以来，由于关中漕运不便，洛阳作为南北运河的中枢联结点，解决了粮食不足的问题。唐朝皇帝常至洛阳就食；唐高宗后期，唐朝政府常在洛阳听政理事，显庆时复名东都；及至武则天时，干脆长驻洛阳，以为"神都"，成为唐朝在中原地区的政治经济中心。各国贡使商客到洛阳进行贸易，一时胡商称盛。久居洛阳的胡商建庙立祠，甚至形成胡人社区。

河西走廊 隋唐时期，河西走廊进入了它经济文化的第二个大发展时期。隋朝立国虽短，但河西却是它与西域交易的地方，因而颇受重视。唐初，位于河西走廊的凉州（今武威）、甘州（今张掖）、肃州（今酒泉）、瓜州（今安西）、沙州（今敦煌）等地，已是丝绸之路中西贸易大城市，胡商摩肩接踵。汉代经营丝绸之路初期建立的河西四郡，当时政治军事上的地位是首要的。到6世纪以后，随着疆域稳固地推进到葱岭一带，武威、张掖、酒泉、敦煌等城市作为贸易的中转站、商品的集散地和胡商的活动基地，商镇的性质变得十分突出。史称为"河西都会"；敦煌为"华戎所交一都会也"，西域各道"总凑敦煌"；张掖"西域诸国，悉至交市"。

3.张掖万国博览会

6世纪以前的数百年里，中国北方、西北和中亚地区正处于民族大迁徙和民族大融合的浪潮中。这个浪潮不但促进了东西方文化、经济的交流，启动了丝绸之路的复苏，而且引起了隋朝对西北形势的关注。隋一方面认识到了西北的重要商业地理价值，另一方面是忧虑崛起的突厥。为了解除突厥、吐谷浑对西北的威胁，隋朝一方面采取政治和军事方式与之斗争，拓展疆域，建立对西域发展贸易的商镇、军镇；一方面派遣对西北有家学之源的重臣、户部侍郎裴矩到河西开展招商活动。

裴矩参与制定了隋朝对突厥、吐谷浑政治、军事斗争的政策,隋朝经营丝绸之路,开拓西北疆土的国策即出自裴矩之手。身处丝绸之路东西和南北两条大道的交汇点张掖的裴矩,不负众望,曾出使突厥,以下嫁公主的策略联络与隋友好的突利可汗,剪除了反隋势力。在张掖进行招商活动中,他采用的政策是给予与中国交易的胡商尽可能多的商业利益,以扩大中国的影响,鼓励外国商人对华贸易的热情,同时也向西域各国使节炫耀中国的富有,介绍丝绸之路贸易的广阔前景,推动西域诸国以国家形式发展国际贸易。

裴矩不但是个军事家而且是个外交家、地理学家。当时张掖已被经营为西域诸国悉来互市的地方,乃至全国最大的国际交易市场。他通过各种渠道,走访诸国富商大贾,搜集西域有关资料,把西域四十五国的山川形胜、地理位置、交通路线,及其风土、习俗、服饰、物产等情况,编纂成文,并绘制了西域以北、贝加尔湖以南纵横两万里的地图,辑为《西域图记》三卷,呈报朝廷,并在此基础上促成了隋炀帝的张掖之行。在张掖,隋炀帝会见了西域高昌、伊吾等27个国家的首领、使者和商人,并亲自主持举办了规模盛大的国际商品交易会,号称"万国博览会"。当年冬天便有更多的外国使节和朝贡者不远万里涉流沙、渡葱岭,来到东都洛阳。裴矩认为这是展示中国繁荣昌盛,具有贸易经济实力的大好机会,便劝说隋炀帝盛陈文物,打开市井,将这次朝贡的机会变成了一个多月的洛阳国际交易盛会。

隋炀帝西巡对丝绸之路的畅通意义重大。西巡的成功彻底解除了突厥和吐谷浑的威胁。西巡前后,隋朝在北路推进到伊吾路,设伊吾城;在青海占据吐谷浑故地,设西海四郡,隋的力量一直西进到且末、于阗;西域通江南道、青海路也随之由隋控制。中国与西域、西亚贸易的所有道路全面畅通,南北门户打开,为丝绸之路在唐代的进一步繁荣奠定了基础。自此,中国与丝绸之路沿途各国的贸易关系在受阻数百年后全面恢复。隋朝的声威飞扬四海,丝绸之路各条道路成为中西交通的坦途。

链接:粟特人和阿拉伯人

粟特人与康居文化　粟特人是中亚的塞种民族。大约在公元前10世纪,它已作为东伊朗语支的一个民族分布在阿姆河中游(今吉尔吉斯境内),由游牧部落转为农业定居的社会。

据史书记载,公元前2世纪张骞出使时,粟特人建立的国家被称为粟弋、康居。在建立康居国之前,粟特人很早就已经定居在今吉尔吉斯的撒马尔罕,并建立起古城阿弗拉西阿勃和马拉坎达,利用亚欧大陆的贸易道路同喀什噶尔、安条克、黑海北岸诸国、印度发生了商业联系。粟特人和花刺子模人一起，创造了公元前4世纪中亚文化的辉煌顶峰——康居文化。

粟特人的信仰与语言　公元前550年左右，突厥人控制了整个中亚地区。尽管粟特人附属于突厥人，但他们始终坚持从事自己的职业——商业贸易。粟特人使用了婆罗米文字母，是中古伊朗语（公元前10世纪—公元前3世纪）的主要代表，后来这种语言演变为整个中亚的商业语言，并一直传播到中国领土，人们至今还可以看到粟特语文献。粟特人很早就信仰摩尼教，摩尼教也随着他们的流动到处传播。

粟特人在经商方面得天独厚　粟特人在与中国北方贸易方面占据着特殊的地位。550—670年间，粟特人在农业、工业、商业、艺术和文化等方面都取得了可观的成就。在农业方面，他们在皇家花园中移植了两种撒马尔罕的樱桃树；从近邻塔里木盆地人中学会了坎儿井灌溉法，这是西方史料中著名的"kyariz"。在640年左右，他们又把酿造葡萄酒的技术传入中国内地。此外，粟特工匠手艺高超，擅长艺术，他们的木刻传遍了整个中亚。粟特人珍贵的餐具都是金银质的。粟特人的羊毛织品和地毯驰名中外，制造的棉纺织品质地优良，做工细腻。粟特人还以制造金属甲胄而闻名。

大食国——阿拉伯人　与唐王朝差不多同时兴起的阿拉伯帝国，是一个跨越亚、欧、非三大洲的多民族国家。中国依从波斯人的习惯，称之为大食国。

阿拉伯帝国的源起　阿拉伯帝国与唐王朝的兴盛有着许多巧合。大约在613年，阿拉伯帝国和伊斯兰教的创立人穆罕默德（约570—632年）开始公开宣传伊斯兰教义。当时麦加民众名义上崇拜多神，但很少人相信必须依赖超自然力，那里的商人认为，事情大多可以靠财富和算计来完成。穆罕默德的《古兰经》强调了安拉借助自然和麦加人的繁荣显示善与强力，要求麦加人感恩并礼拜"克尔白的主"。由于穆罕默德的布道隐约批评了麦加商人的行为和态度，他在615年左右，受到麦加商人的激烈反对，于是在622年迁居麦地那。在那里，他成了无可争议的社团领袖，并在此后取得了一系列军事行动的胜利。穆罕默德的力量不断增强，于630年进兵占领了麦加城，确立了伊斯兰教在阿拉伯半岛的支配地位。

阿拉伯帝国的发展　穆罕默德于632年病故后，他的好友阿布·伯克尔成为哈里发（即穆罕默德的继任者，阿拉伯语的意思为"安拉使者的代理人"),数年后欧麦尔又成为继任者。在十多年内,阿拉伯国家经过"圣战"打败了拜占庭,相继占领了巴基斯坦、伊拉克、叙利亚、美索不达米亚、埃及,并征服了波斯全境,灭掉了萨珊帝国。661—750 年,是倭马亚王朝时代(中国史籍称之为"白衣大食"),阿拉伯继续大规模扩张领土,向东侵入了印度河流域和中亚,征服了呼罗珊,越过阿姆河,占领了布哈拉与撒马尔罕、费尔干纳等地区,直逼葱岭西麓。

(五)东西方文明交流的大通道

1.丝绸之路是一条具有历史意义的东西方文明交流的大通道

丝绸之路从亚洲腹地、黄河文明的古老台阶上起步,汇集了北方草原的骑马民族、江河流域定居的农业民族两大不同类型的文化,又辐射向外,将处在欧、亚、非大陆几大河流域的世界几大文明圈,即尼罗河流域的埃及文明,地中海、爱琴海区域的希腊文明,两河(底格里斯河和幼发拉底河)流域的巴比伦文明,印度河、恒河流域的印度文明,阿姆河流域的中亚文明等联系起来,成为它们之间的纽带,为沿线各国人民的物质文化交流搭起了一个历史的大舞台。通过丝绸之路这条大通道,中国、亚洲的物产、文化不断西传,西域、西方的物产、文化源源东来,中西经济文化交流一度出现了十分繁荣兴旺的局面。

2.丝绸、珠宝交易是东西方物资交流的基础

丝绸是勤劳智慧的中国人民的伟大发明。在殷商时代,中国的养蚕织绸业已达到相当高的水平。当穿着毛麻的西方人看到这种来自神秘丝国轻柔光洁、色彩绚烂的丝织品后,彻底惊服了。他们再也抵御不住丝绸华美的诱惑,纷纷倾囊而出,竞相争购。以至于在相当长的时期内,欧洲市场上的中国丝绸保持着健旺的销售势头,需求量逐日而增,价格日渐上扬,一时竟与黄金等价。长途贩运的高额利润,刺激着一代又一代的商人,诱使他们涌向东方那个会养"蚕"的国度。

然而西方人绝不会只知掏钱而不问就里,随着丝绸大量倾销于西方市场,中国的养蚕法、纺织丝绸技艺也逐渐西传。据《新唐书·西域传》《大唐西域记》等史书所记,中原内地的养蚕法最先传入西域于阗(今新疆和田)。古代占据于阗地区的瞿萨旦那国国王,借求婚迎娶之际,不仅娶来东国君女,而且借女帽絮,也引进了桑蚕之籽。自此以后,养蚕之术便迢递西

去,先入叶尔羌,后进钹汗(今费尔干纳地区),又传到波斯。至于中国的蚕种移居到欧洲大陆,则是6世纪以后的事了。一些西方史学著作中曾真实地记载了这一西传的经过:罗马帝国的查士丁尼皇帝派一印度僧人(或波斯人)赴中国,将蚕子藏于行路杖中带回,于是东罗马方有了自己的丝绸生产。但东罗马并没有将此技术迅疾传播出去,为了垄断欧洲的蚕丝生产和纺织技术,罗马帝国在长达6个世纪的岁月里,对其实行严格的保密和控制。直到12世纪中叶第二次十字军东征时,拜占庭的丝织工人被掳劫至意大利后,欧洲才普遍掌握蚕丝生产技术。

就在养蚕法向西方传播的同时,中国的丝绸仍源源不断地转运到西方。这种丝绸贸易主要以两种方式进行。一是官方经贸。历代统治者为了安边抚夷,都派遣大批使团,所携礼物中最多的是丝绸。在"使者相望于道"的古代,丝绸几乎成为中国通好外邦的"秘密武器"。二是个体交易,除了国家派出的使团和借使团名义的商团经营大宗丝绸贸易外,还有不少胡商汉贾经营着小规模的丝绸贸易,或以物易物,或以币购物,或居间转运,丝绸织品是他们的主要经营项目。千百年来,从这条国际商道上输出的丝绸织品品种数量已无法精确统计,想必将所有输出的丝绸锦罗铺开,定会将丝绸古道装饰成华丽的通衢大道。

漆器,也是较早较重要的由中国输出的商品之一。《史记·大宛列传》中记载:"自大宛以西至安息……其地皆无丝漆。"自丝绸之路贯通后,在丝绸外运的同时,也有不少漆器随之外流,远销西方诸国。新疆托克逊县境内出土的漆盘、漆制耳环等漆器,经鉴定属战国时代的产品;在罗布淖尔发现的大量汉代漆器中,有一对耳漆杯,漆杯内无半丝木质,全由干漆

图33 交易品

图34 交易品

和贮麻布结成。以后随着佛教的传入,聪明的当地人竟把干漆夹贮法运用到佛像塑造上了。伴随着漆器运销到中亚和欧洲,漆器工艺也逐步西渐。

通过丝绸古道输入中国的物品中首推珠宝。珠宝对中国人来说,犹如丝绸之于西方人,是不可多得的奢侈品。成书于战国时期的《穆天子传》中的周穆王西巡的故事里,周穆王与西王母相会,他赠西王母以丝织品,而西王母又馈他以玉石珍宝。这似乎是丝绸西去、珍宝东来一个极其形象的说明。此后无论盛产于西域的青玉、白玉、黄玉,还是大秦产的珊瑚、海西布、水银、琥珀,抑或是中亚出产的玛瑙、水晶,或是南亚所产的金刚石、玳瑁、珠贝,都纷至沓来,尤其是丝路开通后更是日甚一日,以至于"琦赂宝货,巨室不能容","明珠、文甲、通犀、翠玉之珍盈于后宫"。

3.农产品及其生产技术的交流促进了东西方农业的发展

中国是一个古老的农业国,生存在这片广袤土地上的人们在生产劳作中培植出众多异域没有的农产品。邛竹即方竹,主要产于中国南方,但在张骞出使到大夏时,就亲眼见到由大夏商人从身毒(印度)贩运来的邛竹。桃树、梨树、杏树是中国内地普遍的水果树,它们经由河西、西域传至西方的一些国家,在不同国家又有了新的命名。罗马称桃树为"波斯树",称杏树为"亚美尼亚树";印度称桃为"汉持来",梨为"汉王子"。肉桂、生姜、大黄、黄连、茯苓等药材品种,俱是中国出产,丝路开通后,先后被各国商人贩运至世界各地。这些神奇的调料或药物,竟使得西方人神魂颠倒,胡乱臆测。比如肉桂就被西人视为神物,揣度它是尼罗河涨水时从河泥中冲刷出来的,或是由萨拉逊人用渔网打捞出来的。张冠李戴,缘木求鱼,可谓错谬之极,然而从中也不难窥出中国农产品在输入国备受珍爱的程度。

在大量中国农作物传入西域和西方的同时,中原大地上也引入了西方与西域的葡萄、苜蓿、石榴、胡桃、红花、胡麻、胡豆、胡瓜(黄瓜)、酒杯藤、胡蒜、芫荽、胡萝卜、洋葱、橄榄等农产品。其中葡萄盛产于大宛、康居、大月氏等地;苜蓿是大宛的特产,它是大宛马的饲料,与大宛马同时输入中原,因有诗云:"天马常衔苜蓿花";石榴原产于安息,引入中原后大多用于做酒,有诗为证:"樽中石榴酒,机上蒲桃纹";红花产于印度;酒杯藤、胡麻来自大宛;胡桃则来源于波斯。这些农产品的引入,对我国的农业有着积极的影响。

由于环境、气候条件的不同,各国自古就繁衍生息着一批本土固有的动物。这在本国或许是凡常,而在异国人眼中自是珍奇了。自丝绸之路开通后,条支的狮子、犀牛、孔雀、大雀,安息的狮子、符拔,昭武的豹子、狮子,吐火罗的鸵鸟,印度的大象,都被作为各国使节晋见中国皇帝的礼品,随携而来。这些中原人平素闻所未闻的珍禽异兽,在皇城园林中一一亮相,国人皆以为奇,争相观之,以饱眼福。

在输入的动物中,马和骆驼这两种实用性动物的数量远远高于那些珍禽异兽,虽然它们在古代同样被中国人视为珍稀。古代中国西北边陲的一些少数民族地区,以良马闻名于世,如乌孙、匈奴、突厥等;中亚一些地区如康居、大宛也出骏马,尤以大宛汗血马为贵。从汉武帝始,历代朝廷都从中亚和西亚获取数以千计的马匹,以备战征杀和稼穑农耕之用。而最早被国人称为"沙漠之舟"的骆驼,因为是丝绸之路古道理想的运输工具,所以也被大量贩到内地。能负重致远,耐力又好,要穿行商路中大段的沙漠戈壁,不得不选择这种耐渴耐饥的牲畜。

除此而外,毛皮和毛织品也是丝路商旅的重要经营项目之一。毛皮盛产于中亚和西域,中亚的康居、奄蔡(今哈萨克斯坦)和奄国(今俄罗斯乌拉尔山脉中部以南)都是毛皮的出产地和集散中心。西域各国如匈奴、乌孙、乌桓也生产极为精美的毛织褥和毛布。罗马帝国的毛织品也是品种繁杂,样式新奇,对中国的毛织业发展有所推动。

实际上,由境外输入中国的物品,绝不仅限于以上品种,还有胡椒、香料、胡床、切玉刀、马具等商品。每一种商品的输入,都对中国的经济、生活是一次新的冲击。西方商旅使者们带来的商品器物,既繁荣了中国市场,也使古老的东方人大开"洋荤"。

4.科学技术的交流占有重要的地位

在相当长的时间里,中国的科技水平一直处于世界的前列。当西域凿空,国门打开后,中国的先进技术逐渐西传,有力地推动了中亚、西亚、南亚直至欧洲许多国家历史发展的进程。与此同时,中国也努力吸收世界各国的先进科技,科技在相互交流中日益繁荣发达。

冶铁术 战国时期汉民族即开始使用铁器,而其他民族则依然是刀耕火种。汉代内地冶铁业十分发达,中国铁器也开始西传。先入新疆,西北边疆的突厥也成了"工于铁作"的民族;后传中亚,安息铁器敞开,就因为中国铁器是优质产品。

造纸术 西汉时期中国就利用麻头、破布等蒸煮成浆液制成纸张,从而替代了笨重不堪的简牍和昂贵的丝帛。此后,中国纸和造纸术就成了西运的重要商品和技艺,2世纪后便在西域广为运用,5世纪前传至中亚各地,直到12世纪欧洲才有了造纸作坊。中国纸逐渐取代了埃及的纸草、西南亚的木板、欧洲的羊皮。

印刷术 7世纪中国出现雕版印刷,11世纪又由毕昇发明了活字版印刷,短短几百年间,中国印刷术一再更新。造纸和印刷术的出现,使西方学术、教育从基督教修道院的藩篱中解放出来,从而改变了过去只有僧侣才能读书写字、才能接受较高教育的状况,这样就大大加快了西方社会的文明进程。

火药 中国火药的生产可以追溯到唐代。直到12—13世纪,阿拉伯商人才从中国带回制造火药和焰火的技术,随后传播至中西亚地区。欧洲是13世纪后期才从阿拉伯人书籍中得知此法,至于学会制造,那又是一个世纪后的事了。科学技术的发达,使古代中国成为东西方各国众目所瞩的焦点,每一次世界级的发明创造,都会通过丝绸之路传播至亚欧各国,在亚欧大陆上引发一场世界性的科学技术革命。

中国的天文学自古以来就很发达,元代中国的天文学家曾被邀请到今阿塞拜疆的马拉加天文台工作。6世纪时,印度人创立的位值制算数和本盘算术,与中国筹算方法相似,分数的表示和四则运算也和中国分数算法相同。中国数学在输出的同时,也吸收了阿拉伯的历算、代数、几何、三角的一些成果。13世纪中国著名数学家秦九韶在《数书九章》中提出的"大衍求一术",与欧几里得的算法完全一样,正是在这种相互交流与借鉴之中,中国与西方的数学都取得了长足的发展。

古代中国的医学也很发达,针灸等治疗方法与技术各国无法与之相比。中药疗法很好,传入印度后,被称为"神州上药"。有"学术界的领袖和王子"之称的阿维森纳所著《药典》中专门记载中医的脉学,其中许多脉学脉象是采用晋代名医王叔和《脉经》的描述。同时,中国医学对国外的医学,特别是印度、阿拉伯、拜占庭的医学非常注意吸收。当时印度医学在中国流传已相当普遍,唐朝皇帝之所以几次向印度寻求长生药,以求返老还童,原因也在于他们相信印度医学。中国还从印度学会了熬糖法,从埃及学会了玻璃制造法;阿拉伯各国从中国学会了瓷器制作等等。

5.文化艺术是东西方交流的重要内容

丝绸之路带来的西域文明的影响表现在中国文化的各个方面。从风俗时尚、音乐舞蹈和文学艺术的变化可以感受到这种影响的广泛和深刻。丝绸之路民族融合的浪潮和物质文化交流的密切,很自然地将西域的文明传播到中国,对中国的饮食、服饰、宅居、节庆、娱乐等文化产生了深刻的影响。新疆地处丝绸之路的中枢,那里独具特色的乐舞艺术在历史上极负盛名。隋唐时代的龟兹乐、疏勒乐、高昌乐、伊州乐、悦般乐等,不仅对我国中原产生了很大影响,而且对东亚、东南亚、南亚乃至西亚都产生过影响。如创作于 620 年的《秦王破阵》乐,是当年秦王李世民以少胜多击败叛臣刘武周后,将士们在凯旋途中用旧有的军歌曲调填写新词后的作品。歌曲用大鼓伴奏,乐调有龟兹声,表现出强烈的战斗气氛和威武的气势,很快在中外流传开来。不仅为印度戒日王叹为观止,还被日本遣唐使粟田真人带回国内,一直流传至今,成为日本雅乐的保留节目之一。

杂技百戏的东来。据《史记·大宛列传》记载,汉武帝对西域奇技很重视,元封三年,安息人"以大鸟卵及骊靬善眩人,献于汉"。

骊靬,即古罗马;眩人,指耍魔术、杂技的艺人。据张衡的《西京赋》载,汉代外来的杂技有角力、竞技、假面戏、化妆歌舞、斗兽、魔术表演等,名目繁多,内容丰富。

图 35 杂耍

到了唐代,传入中国的百戏、杂耍品种更加丰富多样。比如马戏、波罗球。当时京都长安城内辟有球场,还修建了专供观赏的球场亭。波罗球戏是骑在马上以杖击球的游戏,唐玄宗、宣宗、嘻宗都是波罗球迷,一些王公贵族乃至宫娥彩女也喜爱玩这种球戏。唐代还盛行泼胡乞寒戏,这是以水相泼做游戏,并以舞曲伴奏,曲名《苏莫遮》。它原先流行于中亚一带,北周时即传入中国。西南泼水节即源于此。

条条丝绸古道,漫漫黄沙土尘,从汉魏隋唐至宋元,留下多少胡贾汉商的足迹。《洛阳伽蓝记》中曾有过生动的描述:"自葱岭以西,至于大秦,百国千城,莫不欢附,商胡贩客,日奔塞下,所谓尽天地之区。"是的,在那些行于旅途的商队中,既有汉人,也有波斯人、印度人、康居人、大月氏人、大宛人、大夏人、安息人和粟特人,还有希腊人、罗马人、叙利亚人和犹太人。长期以来,是他们共同担负着丝绸之路国际贸易的使命。西方珠宝络绎不绝东来,中国丝绢逶迤西去,古代亚欧大陆桥上的国际经济大循环的局势,历几十代而不衰,这的确与沿路诸国人民的积极经营是密不可分的。是他们,不畏山高水深、路遥途险;是他们,无忌风餐露宿、饥渴难耐;是他们,不顾语言不通、习俗不同,把丝绸古道周边的国家和民族,用经贸交流的彩带连成一体,谱写了世界古代经济文化史上辉煌壮丽的一页。

链接:吐鲁番、于阗

吐鲁番(高昌)——多民族文化的交汇处　在中国历史上,吐鲁番是多民族文化交汇融通的丝路重镇。在汉朝进入西域开通丝绸之路的时候,吐鲁番盆地由于其东通河西走廊、西连塔里木盆地诸国的重要地位,成为汉朝与匈奴倾力争夺的战略要地。两汉以后,由于政治局面的巨大动荡,5世纪初这里又出现了一个高昌国,在北方游牧部族柔然的支持下,击败车师,据有了整个吐鲁番盆地。6世纪初,高昌又成为突厥汗国的属国。到7世纪唐朝击败突厥后,高昌也土崩瓦解,成为唐朝的管辖区。

东晋咸和二年(327年),前凉(301—376年)张骏占据了吐鲁番地区,设立高昌郡,郡治就设在高昌城内,高昌城由此而得到了扩建和迅速发展。到了5世纪中叶,北魏统一中国北方后,割据河西的北凉王族向西迁移,占据了吐鲁番盆地,赶走依附柔然的高昌太守阚爽后,高昌城便成了北凉的都城。不久柔然又攻灭北凉,以阚爽后裔阚伯周为高昌王,这里就成了高昌国的统辖地。高昌故城作为高昌国的都城,在这一百多年内获得了充分发展,成为经济文化非常发达的城市。

和田(于阗)——唐代西域的佛教中心　在昆仑山北麓,有一个自古以来就因出产美玉而闻名于世的地方,这就是丝路商道上的西域名城于阗。于阗位于塔克拉玛干大沙漠的西南边缘,虽然面临着浩瀚的大戈壁,但发源于昆仑山的于阗河(今和田河)和玉龙喀什河、喀尔喀什河却在这里浇灌出了水草丰茂的绿洲和大片的良田沃土,使这里成了西域最富庶的地方。

于阗以美玉名扬四海,同时也因美玉而富庶。汉代开通丝路后,西域和内地的往来更为便利,关系更加密切,于阗在丝路南道的地位也变得越来越重要了。其人口和势力与丝路北道上的龟兹、丝路南道上的鄯善不相上下。随着丝路贸易的兴盛和东西方文化交流的频繁,于阗还引进了内地的蚕桑和丝绸纺织技术,成了西域的一个丝绸基地。由于佛教的盛行,富庶的于阗国很快就成了西域佛教的一个中心。20世纪以来,在和田境内和邻近地区曾多次发现佛教寺院遗址。从这些遗址中可以看出,于阗接受了波斯和印度的影响,同时又融合了中原的汉文化。此外,阿拉伯文化、西亚文化、蒙古文化、西藏文化、西方基督教文化,在于阗的历史遗存中也都有充分的反映。

(六)宗教之路

1.佛教东传

丝绸之路的开通为多种宗教传入中国提供了条件。到了唐代,中国较有影响的外来宗教就有佛教、伊斯兰教、摩尼教、犹太教、景教、祆教等。其中影响最大的当属佛教。佛教发源于公元前5世纪的古印度,创始人是位于今尼泊尔境内迦毗罗卫国的王子乔达摩·悉达多,即释迦牟尼。其时中国正在春秋战国之际,儒家文化的创始人孔子和道家文化的创始人老子也诞生在这个年代。大约到了1世纪初前后,往来于丝绸之路的商旅和使团中夹杂了不少佛教徒的身影,无形之中就把佛教传到了中国。

据史料记载,最早到中国讲解和翻译佛教经典的是印度高僧迦叶摩腾和竺法兰。东汉永平七年(64年),汉明帝派遣郎中蔡愔、博士弟子秦景等前往天竺(古印度)寻访佛法,途中在大月氏与迦叶摩腾和竺法兰巧遇,遂相邀一起到了中国。之后,迦叶摩腾和竺法兰长住洛阳白马寺,在那里翻译了《四十二章经》等佛教经典。这是中国翻译佛经的开始。

汉代以后,从印度东来的僧人和从中原西行印度的取经人,在万里丝绸之路上络绎不绝,使佛教文化一路向东,从新疆到河西走廊,再到中原各地,直到遍布整个中国,最后到了韩国、日本和东南亚诸国。新疆(古代称西域)是佛教传入中国的第一站。佛教传入新疆后先在统治者中发布,各国国王纷纷敬信,成为虔诚的佛教徒,大力推崇佛教,并以佛学作为统治思想,以高僧为国师,甚至国王大臣谋议国事也要问及高僧,然后宣布。于阗、龟兹、高昌等地成为当时中国的佛教圣地。随着佛教的传入,佛教艺术也兴盛起来。首先是新疆地区的人们根据当地的自然条件,用土夯筑和土块垒砌了佛塔;修建了"木骨泥墙"的"回"字型殿堂;并使在印度出现的中心柱窟得到发展,形成具有当地特点的"龟兹式"形制;用泥和石膏等制成佛和菩萨像,发展了泥塑艺术;将中原绘画中的线条与印度凹凸晕染法有机地结合在一起,产生了"西域画派"中的"于阗艺术"、"龟兹艺术"和

"高昌艺术"。

佛教传入中国内地以后，又和中原固有的中国画艺术相结合，产生了中原风格的佛教艺术，如重现线条的运用和敷彩的敦煌艺术、浑厚淳朴的云冈石窟艺术等。同样，中原各地的佛教艺术也表现出本土特色，在统一中绽放出异彩。

佛教艺术作为一种综合艺术，包括建筑，主要是塔、寺庙等载体；表现教义和佛教故事内容的雕塑、绘画及装饰图案等；举办佛事活动的法器以及供养器等造型艺术品。在其传播过程中，具有印度特色和犍陀罗风格的佛教艺术，逐渐吸引了亚洲各地各民族固有的文化营养，并结合各地区的自然条件，形成了各有特色的佛教艺术，使其变得更加丰富多彩、异彩纷呈，体现出各自的文化艺术水平和独特风格。

据史籍记载，早在公元前，我国中原地区就已经有人学习浮屠经。至公元 1 世纪初的东汉明帝时，佛教开始在一些王公贵族中流行，接着很快在民间弘布开来。不仅皇帝在宫中"建浮屠之祠"，民间崇佛立寺者也日趋频繁。考古发现证明，东汉末年我国内地许多地方已经有了佛像。这些佛像都是被当作神仙，和中国固有的神祇结合在一起，成为民众崇拜的新偶像。

2.北凉佛教的兴盛

到了 5—6 世纪的南北朝，我国进入了大分裂时期。在少数民族统一的北方，大力扶植佛教，甚至将其作为统治思想，尤以后赵、前秦、后秦和北凉为最。在这一时期统治河西走廊的五凉政权都崇尚佛教，首先在姑臧（今武威）发展起来，并以姑臧为中心向敦煌、天水、永靖及河湟等地传播。北凉王沮渠蒙逊在"专弘福事"的过程中，发现"以国城寺塔，修非云固。古来帝宫，终逢煨烬。又用金宝，终被盗毁"，思来想去，只有在山崖中开凿、雕塑佛像，方能保持长久。在这个主导思想的推动下，便在北凉境内大开石窟，从武威自东向西，依次有天梯山、金塔寺、马蹄寺、文殊山、昌马以及榆林窟、莫高窟和西千佛洞等，使河西地区石窟林立，居全国之冠。据此，著名学者、石窟研究权威、北京大学教授宿白先生指出，新疆以东现存最早的佛教石窟模式并不是敦煌莫高窟，而是在它东面的武威，即古代凉州地区的天梯山以及肃南金塔寺、酒泉文殊山等石窟。他把这种模式称之为"凉州模式"。凉州石窟其艺术来源于西域龟兹、于阗和高昌。尤其是设大型佛像于石窟之中、佛像贴于崖壁的模式，追根溯源，当源自阿富汗犍陀罗时期著名的巴米扬石窟。北魏灭北凉后，河西高僧如玄高、道隐、昙曜、师贤等，到了魏都平城（今山西大同），在太武帝拓跋焘的支持下，依照"凉州模式"主持开凿了大同云冈石窟及伊阙石窟等。凉州僧人及工匠的努力，不但推动了北魏佛教的发展，还为我们勾勒了"巴米扬石窟—龟兹石窟—凉州石窟—云冈石窟"这样一个在佛教东传的大背景下，中国石窟发展演变的轨迹。到了洛阳龙门石窟时期，以佛像象征王权的观念达到了顶点，已经完全中国化了。随着北凉的覆灭，姑臧的僧人纷纷外流，或趋平城或走敦煌，致使寺院凋落，曾经盛行一时的凉州佛教急速衰落。与此相反，由于凉州人的加入，敦煌的佛教地位逐渐升高，加之中央政权对敦煌的重视，终于造就了莫高窟雄视一方的佛教圣地地位。

3.佛教对中国文化的影响

图36　巴米扬石窟

图 37　龟兹石窟

图 38　凉州石窟（天梯山石窟）

图 39　云冈石窟

图 40　云冈石窟

图 41 龙门石窟西区

图 42　龙门石窟奉先寺卢舍那大佛

　　佛教的传入，对中国文化的发展产生了广泛而深远的影响。在文学方面，不少由梵文翻译过来的佛经，本身就是优美的文学作品，如《维摩诘经》《法华经》，受到历代文人的喜爱。佛教还为中国文学带来新的意境、新的文体词语等。如《法华经》《维摩诘经》等激发了神魔小说创作的热潮。汉末"会小乘佛教亦入中土，渐见流传。凡此皆张皇鬼神，称道灵异，故自晋迄隋，特多鬼神志怪之书"（鲁迅《中国小说史略》）。禅宗的思想，对陶渊明、王维、白居易、王安石、苏轼等人的诗歌创作产生了深刻的影响。演述佛事的变文的出现，推动了后来的平话、小说和戏曲几种文学体裁的发展。至于佛教对我国文学创作命意遣词的影响更是不胜枚举，如世界、无常、如实、实际、平等、现行、刹那、相对、绝对、大千世界、清规戒律、一针见血等都是直接来自佛教的词语。另外，佛教还对中国音韵学的发展起过很大的作用，如过去中国字典上通用的反切，就是受梵文拼音的影响发展起来的。

　　在艺术方面，随着佛教的传播，兴起了建塔造像的佛教艺术，各地涌现出一大批塔寺建筑。其中有不少保存至今，成为我国一些地区的风景名胜。闻名于世的莫高、龙门、麦积山等石窟，更是我国雕塑艺术的宝库。由于佛教宣传的需要,壁画和版画也发展起来。唐代大画家阎立本、吴道子皆以擅长佛画而知名于世。现在我们所能见到的中国最早的版画,是刊印在佛经上的释迦说法图。佛教禅宗的思想,还影响到王维一派的文人画和宋元以后的写意画。印度、中亚的佛教音乐和舞蹈也逐步传入中国,在寺院的宗教活动中进行表演。唐代的音乐,吸收了天竺乐、龟兹乐、安国乐、康居乐、骠国乐、林邑乐等来自佛教国家的音乐。

在天文医药等方面,佛教的影响也十分突出。8世纪的高僧一行制定《大衍历》,测定子午线,对我国天文学的发展做出了卓越的贡献。至于医药,由印度翻译过来的医书和医方,仅隋唐史籍的记载就达十余种。藏语系佛教的《大藏经》,更是保存了大量医学著作。

链接1:

最早的传经人和翻译家　佛教东传始于东汉中期。最早的传经人有竺法兰和迦叶摩腾。在明帝特派去西域官员蔡愔的邀请下,二位高僧用白马驮着佛经佛像,与蔡愔等人一同来到东汉的都城洛阳,常住在明帝下令为他们修建的"白马寺"中,直到逝世。在此,他们把佛经译成了中文。

此后,又有许多传教的僧人从西域沿着丝绸之路来到中国并从事佛经的翻译,著名的有安世高、佛图澄、鸠摩罗什等人。

魏晋南北朝时期,由印度和西域经丝绸之路来中国内地传经译经的僧侣有增无减,许多人以毕生精力完成了他们的使命。他们不仅传播了佛教经典,而且把佛教艺术带到了中国,在丝路沿途留下了许多艺术瑰宝。

西行取经的早期僧人　战乱与危机使佛教变成了中原和大西北人们亟须的心灵抚慰。但是,最初翻译给国人看的佛典却是似是而非的。最早译者既不是印度人,也不是中国人而是处于丝绸之路中转地位的大月氏人、安息人、康居人和于阗人。这就促成了中原人直接西行取经的行动。

中国史书记载中,最早西行取经的是三国时期(220—280年)的中原高僧朱士行。他于260年到达于阗。西晋时,竺法护到过葱岭,僧建到过今阿富汗境内。三人均未到达天竺(印度)。东晋时代(317—420年)的法显是第一位到达印度取经的中国人。

516年,法显回到中国103年后,甘肃敦煌僧人宋云受北魏胡太后之命,和崇立寺的慧生和尚,两人从洛阳出发,开始了艰难的西域之行。他们经青海到达罗布泊,过且末、于阗、塔什库尔干进入阿富汗,再越兴都库什山进入古嚈哒弥国(巴基斯坦的奇特拉尔),522年,回到洛阳,历经7年带回经书170部,并留下了旅途的珍贵记录。

西天取经的唐代僧人玄奘 玄奘(602—664年),俗姓陈,河南陈留人,13岁在洛阳出家为僧。唐贞观元年(627年),从长安出发,历经4年至印度那烂陀寺,拜名僧戒贤为师,研习《瑜伽师地论》等佛经。19年后携大、小乘佛教经典回到长安。后在太宗、高宗的支持下,召集各大寺高僧组成译经场,译出经、论75部,凡1335卷。和弟子窥基等人创立唯识宗,把《老子》和《大乘起信论》译成梵文传入印度,另译有《大般若经》,著有《会宗论》《破恶见论》,及由他口述、门徒辩机记录的长达12卷的游记《大唐西域记》。此外,玄奘为了贮藏他从印度带回的佛经,还奏请高宗按印度佛塔形式自行设计在长安建造了大雁塔。杂剧《唐三藏西天取经》和小说《西游记》都源自他的故事。664年,玄奘圆寂于长安大雁塔,葬于白鹿原。

图43 张掖大佛寺西游记壁画(孙悟空的形象很有可能是取材于公元前3—4世纪印度著名史诗《罗摩衍那》所记载的神猴哈奴曼的传说)

向东传播佛教文化的唐代僧人鉴真 鉴真(687—763年)俗姓淳于,扬州江阳县(今江苏扬州)人。唐朝僧人,律宗南山宗传人,日本佛教律宗开山祖师、著名医学家。晚年受日僧礼请,东渡传经,履险犯难,双目失明,终抵奈良,在传播佛教与盛唐文化上,有很大的历史功绩。

图 44 日本奈良招提寺及东大街

链接2：

唐代西域的佛教中心与中西合璧的石窟艺术 佛教在丝绸之路上的东传带来了西域和印度的宗教文化，它们和中国原有的文化融合，展现了中西文明在建筑、绘画、雕塑、音乐等各领域汇聚后的神采丰韵。这种文化的汇聚是以石窟艺术的形式百世流芳的，在我国西北沿着丝绸之路，留下了上百座石窟寺（见附录《石窟名录》），许多是具有划时代意义的。

龟兹（库车）石窟艺术 汉文史记载，公元三四世纪，已有较多的龟兹佛教徒到内地译经，说明当时龟兹的佛教已相当昌盛。到 4 世纪中期，龟兹的僧众已有一万余人。克孜尔石窟就是在这样的历史背景下开凿并逐步发展的。克孜尔石窟壁画中，形象地反映了龟兹信奉小乘佛教以及后来大乘佛教盛行的情况。由于当地佛教寺院的日益繁荣，才导致了石窟造像于 8 世纪起逐步衰落。9 世纪中期以后，龟兹一带被高昌回鹘王国控制，佛教得到王室的提倡而继续流行。直到 14 世纪蒙古察合台汗国统治库车地区后，强制推行伊斯兰教，克孜尔石窟遭到了大规模的破坏。虽然大量的雕塑佛像已毁弃无存，但留存下来的丰富壁画却记录和展现了昔日的繁盛。

就佛教石窟而言，克孜尔石窟正处于葱岭以西阿富汗巴米扬石窟群和新疆以东诸石窟群之间，位于佛教东渐的关键点上。它保存下来的早期洞窟壁画数量，远远超过了巴米扬，其早期石窟的年代比新疆以东现存最早的洞窟至少要早一百年左右。显而易见，克孜尔石窟在中亚和东方的佛教石窟史上，占有极其重要的地位，留存至今的壁画和出土遗物，已成为无价的瑰宝。

龟兹壁画中，有以生动精妙的笔法描绘出的裸体人像，其中又以女性裸体最为普遍。例如在众多的说法图中，常有姿态优美的裸体女子，或作听

图 45　龟兹雕塑

图 46　龟兹壁画

法状,或横卧佛前。所绘歌舞菩萨也几乎都是裸体。所绘舞伎和乐女,更是运用夸张的手法,着意渲染她们美妙的裸体,毫不掩饰地描绘她们丰满的乳房、肥硕性感的臀部。有的石窟壁画中,还有反映裸体和性爱的画面。这些大胆而坦荡的描绘,透露出希腊化人体艺术、犍陀罗艺术和印度佛教艺术的多重影响,其中印度式的通过丰满体形和弯曲身体来表现艳丽人体的艺术风格最为突出。龟兹艺术家们开放的胸襟和独特的审美观念,将世俗世界与宗教情怀巧妙地糅合在一起。龟兹壁画中这些精心描绘、富有创意的裸体现象,是石刻艺术史上的不朽杰作。

高昌(吐鲁番)佛教石窟艺术　在高昌,佛教受到了汉族宗教信仰和当地民族风俗习惯的强烈影响,与东传的犍陀罗艺术、印度佛教艺术糅合在一起,使得高昌与龟兹的佛教艺术呈现出不同的风格。在高昌的石窟壁画中,不仅展现了富丽堂皇的佛国世界和千姿百态的佛像,还描绘了众多的供养人,生动地反映了西域诸国的宗教信仰和社会生活。在不少壁画中,还栩栩如生地展现了丝路商旅往来的情景,成为东西方文化交流的真实写照。

链接3:佛教、道教、景教、祆教、摩尼教、伊斯兰教

佛教　佛教诞生在尼泊尔,由释迦牟尼创立。从某种意义上说,佛教教义的主要内容可分为两大方面:一是关于善恶因果与修行方面的,这是佛教教义的实践方面、道德说教方面。佛教的善恶因果观与修行法门,既与其他一切宗教有共通之处,又自有其殊胜之处。二是关于生命和宇宙的真相方面的,这是佛教教义的理论方面、哲学方面、辩证思维方面。佛教关于生命和宇宙的真相的理论,是建立在佛教修行(主要是禅悟)基础上的成果。当然,从具体内容上看,这两大方面是不可能截然分割开来的。

道教　道教是中国的民族宗教,源于古代巫术和秦汉时的神仙、方术等。黄老道是早期道教的前身,奉春秋末期哲学家老子为教主。自从佛教传入后,崇信者就把它与黄老并称。受道教的影响,一些佛教徒在译经中把一些道家思想掺入佛经,使佛里有道,道里有佛,"佛"往往也被看成道教的神仙,而佛教石窟壁画中,也常常出现道教人物。由于佛道并存,佛道融合由来已久,在河西各地也就出现了佛寺道观长期并存的现象。

祆教　祆教又称琐罗亚斯德教,汉译为祆火教、拜火教、天神教、胡天教、波斯教等。约于公元前6世纪末为波斯(伊朗)萨珊王朝的国教,后传至贵霜和西域诸国。

摩尼教　摩尼教创始人摩尼(216—276年),约240年左右在两河流域宣传诺斯替教学说。这种学说是基督教、祆教和佛教学说的综合与提高。

景教 景教又称波斯教，是古代基督教的一个支派。5世纪时由君士坦丁堡主教、叙利亚人聂斯托利创立，又称聂斯托利派。

伊斯兰教 "伊斯兰"一语出自阿拉伯语，意为"恭顺"、"服从"。伊斯兰教为世界三大宗教之一，由阿拉伯人穆罕默德于612年创立。651年，阿拉伯帝国（唐称大食）第三任哈里发奥斯曼遣使长安，向唐高宗介绍了伊斯兰教教义，是为该教传入中国之标志。

藏传佛教 藏传佛教是中国的民族宗教，是佛教与中国西藏原有本教（又称苯教，俗称黑教）长期相互影响的产物，俗称为"喇嘛教"，形成于10世纪晚期。

（七）丝绸之路的明珠——敦煌

1.敦煌是中国的，也是世界的

敦煌位于河西走廊最西段的戈壁沙漠之中，是丝绸之路东段从长安到敦煌的终点，又是丝绸之路中段从敦煌到葱岭的起点。自西汉元鼎六年（公元前111年）敦煌建郡后，一直是丝绸之路两关（阳关、玉门关）咽喉，

　　　　　　　　　　　　　　　　　　　　　图47　莫高窟九层楼

河西三道"总凑于敦煌"。由于敦煌所在的这一地理位置,使得它成为东西方文化的交汇之地。中国文化、印度文化、两河文化以及以古希腊文化为起源的西方文化等古代世界的四大文化,儒教、佛教、道教、摩尼教、祆教、景教等古代世界六大宗教都在这里汇合,决定了敦煌文化所蕴含的文化信息的世界性。正如敦煌研究院院长樊锦诗先生所言,"在世界文化遗产宝库中,敦煌遗产享有重要而特殊的地位,很少有遗产像它一样有着绵延1400多年的历史文化积累,保存了世界上现存规模最大、连续营造时间最长、内容最为丰富的佛教石窟群,并有敦煌藏经洞出土的近5万件文书资料分散在世界各地,而且还造就了一门国际显学——敦煌学。"一位日本的艺术家说他"从敦煌早期的壁画中,可以看到埃及墓中壁画的风尚。敦煌艺术是人类艺术的曙光"。著名作家冯骥才先生说:"尽管一年里,我有幸看到了两个沙漠上的石窟,一东一西;一个在地面之上,一个在地下,但它们全是地球先人心中的色彩,理想天国的景象,以及人类初始时代那种蓬勃清朗的精神。从中我也识别出这人类文明最早几步清晰有力的足迹。然而我也看出了其中的不同——古代埃及人表现的仅仅是他们自己;而敦煌石窟却教我发现到多元的人类文化缤纷的因子,并惊异于它们如此和谐地融为一个整体的奇观。"

2.敦煌文化

在古丝绸之路上,人们所需的给养物品皆需在敦煌补给。这不仅使它成为丝绸之路上的中转站,而且也成为人们从事佛教等文化活动的重要阵地。汉魏之际,西域受印度佛教文化的影响很深,丝绸之路南北两道上的于阗、龟兹佛教尤为兴盛。敦煌作为紧邻西域的门户,最先受到影响而成为中国早期的佛教中心之一。北魏(386—534年)初年,敦煌已经布满了佛教寺院,唐代达到极盛。唐代敦煌佛教大寺至少有16座,僧尼达到九百余人。佛教徒不仅建寺院,还和东来西往的中外艺术家、工匠、官员、善男信女一起,挖洞窟、塑佛像、绘壁画,形成了灿烂的敦煌佛教艺术。佛学家们还在此从事佛教经典的译述工作,使敦煌成为中国早期佛典的翻译要地,留下了丰富的佛教典籍和其他古文献。可以说,敦煌文化是涵盖了起始于前秦、繁荣于隋唐,以莫高窟及敦煌周围石窟艺术、莫高窟藏经洞遗书以及汉长城、古城堡、汉烽燧、关隘、驿站、墓冢、道路、河渠、寺庙、村落等文化遗存和相关史料为内容的综合性文化。

敦煌石窟艺术　前秦建元二年(336年),一位名叫乐僔的行脚僧人,手持锡杖,行至敦煌附近的三危山"忽见金光,装有千佛",他相信这片灵

山必将是佛祖的圣地，"遂架空凿岩，造窟一龛"。紧接着又有僧人法良，于乐僔窟旁，开凿了第二个洞窟。莫高窟由此诞生。436年6月，北魏灭北凉，凉州僧人工匠纷纷外流，其中一部分西行，加入到敦煌莫高窟的开凿队伍当中来。莫高窟的佛教地位逐渐升高，加之中央政府不断加强对敦煌的管理，使莫高窟自北周开始进入蓬勃发展的时期。除莫高窟外，敦煌周围又先后开凿了西千佛洞、榆林窟、东千佛洞、水峡口石窟、五个庙石窟等，形成了以莫高窟为主的敦煌石窟群，统称为"敦煌石窟"。

莫高窟　俗称千佛洞。开凿在敦煌市东南25千米处的宕泉河边鸣沙

图48　莫高窟第254窟（北魏）

图49　莫高窟第45窟（盛唐）

图 50　敦煌壁画

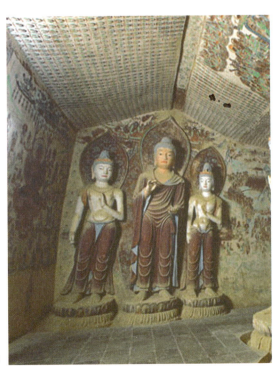

图 51　莫高窟第 332 窟彩塑(初唐)

山东麓断崖上，南北长约 1600 米，分南北两区，现存洞窟 735 个。其中北区无塑像、无编号，但有少量壁画的洞窟 243 个，矮小简陋，为历代画工、塑匠的生活居住区和埋葬区。南区是莫高窟的主要区域，有塑像、有壁画并经过编号的洞窟有 492 个，保存着十六国、北魏、西魏、北周、隋、唐、吐蕃、五代、宋、回鹘、西夏、元、清、民国等十多个朝代的壁画 45000 多平方米，彩塑 2400 余身，唐、宋、清和民国时期的木结构建筑 30 余座。莫高窟藏经洞发现的 5 万余件历代写经、文书、帛画等，更是举世罕见的历史文化宝藏。莫高窟是目前世界上规模最大、洞窟最多、保存最完好、艺术价值最高的佛教遗址。

莫高窟现存 45000 多平方米壁画，如果连接起来约 25 千米长，为世界现存最大的艺术画廊，从北魏到宋元，显示出各个时代不同的艺术风格。它以蔚然大观的画面和丰富多彩的内容，对奇妙的佛国世界作了富有想象力的精彩描绘，生动形象地反映出中国古代文化艺术和社会生活的诸多方面。莫高窟壁画具有浓厚的本土色彩，又有明显的西域特点，同时还吸收融合了中亚、西亚和南亚的佛教艺术元素。莫高窟早期壁画中的裸体菩萨等，就明显带有希腊化犍陀罗风格以及印度佛教艺术的影响。中后期壁画中的飞天，即开始由上半身半裸的西域风格向宽衣博带的中原正统风格过渡，反映了中国传统文化与外来文化因素的碰撞。

莫高窟现存彩塑 2400 余身。按时代划分，北魏 318 身，隋 350 身，唐 670 身，五代 24 身，宋（包括西夏）74 身，元 7 身，清 972 身。这些塑像，历经千百年的自然侵蚀和人为破坏，损失严重。其基本完好的原作只 1400 余身，成为世界文化宝库中灿烂的艺术珍宝。

莫高窟的建筑主要是石窟。由于时代不同，石窟形制也各具不同的特点。主要有禅窟（僧房）、塔庙窟（中心窟）、殿堂窟、大佛龛 4 种。此外，在石窟外部还有很多木构建筑，如楼阁、窟檐、栈道等。唐写本《敦煌录》有"其小龛无数，悉有虚槛通联"，《大唐李府君修功德碑记》有"构以飞阁，南北霞连"的记载。唐、宋时代的莫高窟，亭台楼阁，互相辉映，颇为壮观。可惜这些木构建筑经历代风沙兵燹，多已毁坏，现仅存窟檐 5 座，是研究我国古代建筑的稀世之珍。

藏经洞遗书　主要包括古代写本和刻本等，始自东晋，扩于六朝，盛于隋唐，终于五代宋初。其中最早有纪年的卷是前秦甘露元年（359 年），最晚的是北宋景德三年（1006 年），延续了 7 个世纪。在这座蕴藏丰富、包罗万象的古代文献宝库中，满贮宗教、历史、文学、艺术和人民生活等方面的

图52　斯坦因先后四次闯入中亚考古探险

图53　壁画——供养人

图54　壁画——供养人

重要文献资料5万余件。其中主要内容有佛教、道教、摩尼教、景教文献，儒家典籍，文学资料，社会、经济资料，历史、地理资料，科学技术资料，少数民族文字资料等。

图 55　敦煌壁画

3.藏经洞的发现吸引了西方的考古学家

在莫高窟北区第16窟甬道上有一个小窟，编号第17窟，俗称藏经洞。它是吐蕃统治敦煌晚期和归义军统治敦煌初期(848年前后)河西都僧统沙州三学教主洪辩和尚生前坐禅的禅窟，洪辩圆寂后成为纪念他的影窟。何时因何被封闭为藏经洞，尚不见文字记载，至今为一历史悬案。人们凭借各种旁证，提出了宋初避西夏之乱说、宋皇祐(1045年)之后说、宋绍圣(1094—1098年)避伊斯兰哈喇汗王朝东击西夏说和敦煌曹氏归义军时期(924年)说等4种推测，试图解开藏经洞封闭之谜，但迄今无定论。该洞曾长期被封闭，封闭层外又抹上一层泥壁，再绘上壁画，严严实实地隐藏了1000年左右，直到20世纪初叶(1900年)被道士王圆箓发现。当时正是八国联军自天津而上进攻北京的日子。苟延残喘的清政府，根本无暇顾及距京万里之遥的敦煌所发现的这批瑰宝。100年后，学者余秋雨这样写道："王道士完全不能明白，这天早晨，他打开了一扇轰动世界的门户。一门永久性的学问，将靠着这个洞穴建立，无数才华横溢的学者，将为这个洞窟耗尽终生。中国的荣耀和耻辱，将由这个洞窟吞吐。"

19世纪末，西方科学界兴起了两大学科：现代地理科学和考古学。国际地理大发现的热潮方兴未艾。狂热的探险家们，因为发现了某一座新的岛屿或标明某座处女峰的海拔高程，一夜之间可名扬天下。1890年英军中尉鲍尔在新疆库车执行公务时，以10头毛驴的价格，从一个中年维吾尔人手中买到了一部写在桦树皮上的古书。经英国东方学者霍雷恩辨识，这是一本用早已绝迹的印度古梵文书写的无价之宝，被命名为"鲍尔古本"。于是，世界的目光一下集中到了位于亚洲大陆腹地的中国西部——神秘的丝绸之路上。20世纪初叶，在新疆南部重镇喀什噶尔那些具有伊斯兰

图56　王道士在下寺殿前(斯坦因摄于1907年)

图 57 　20 世纪初的莫高窟

风格的小屋里，先后聚集了形形色色的外交家、探险家、商人、旅行家以及职业情报人员等。他们当中有英国人、法国人、德国人、瑞典人、俄国人、日本人，甚至还有美国人和丹麦人。他们面对羸弱不堪的清政府，肆无忌惮、争先恐后地对散布在塔克拉玛干沙漠周围的古代寺庙、遗址和墓地进行了疯狂的挖掘和劫掠。当敦煌莫高窟发现藏经洞的消息由驼队商人传播到塔里木盆地周围后，这支劫掠古代文化的"八国联军"又先后动身，急急向甘肃敦煌奔去。

此时的敦煌，莫高窟藏经洞的发现已惊动了地方。敦煌县知事汪宗翰看到了王道士送去的"水月观音"等几个卷子，知道绝非一般。他一面转赠给时任甘

图 58 　斯文·赫定

肃学政的著名金石学家叶昌炽,一面会同地方士绅前往检视,并嘱咐王道士善为保存。叶昌炽看到藏经洞文献后,立即建议甘肃藩台,将这批文献运往省城兰州保管,但被藩台衙门以运费难筹为由推脱并下令就地封存。1904 年 3 月,敦煌县衙命王圆箓将藏经洞重新封闭,结果为敦煌遗书流散于世界各地埋下了隐患。

第一个从敦煌掠走藏经洞遗书的外国人是俄国人奥勃鲁切夫。1905 年,他在今内蒙古额济纳旗盗掘黑水城遗址后来到敦煌,以 6 包日用品从道士手中骗到藏经洞遗书两大包。但他带回俄国后一直没整理,并与黑水城等地出土的手稿混在了一起,故鲜为人知,但在他的自述式著作《中西亚的荒漠》中有详尽的描述。

接下来,就是赫赫有名的英籍匈牙利人斯坦因。他于 1907 年 3 月来到敦煌,经过 3 个多月的精心策划,只花了 130 英镑的银子。就从王圆箓手中"买"走了万余卷藏经洞的经卷、写本和绘画作品,装了满满 24 大箱,开了大肆虐夺莫高窟遗书的先河。但他并没有满足,于 1914 年 5 月再次来到敦煌,从王圆箓手中又"买"走了 4 大箱文书。

第三个来到敦煌的是法国人伯希和。他紧随斯坦因之后,于 1908 年 2 月来到敦煌,并且带来了摄影师努埃特,在对莫高窟全部洞窟编号,所有塑

图 59　斯坦因

像、壁画予以拍摄的同时,伯希和凭着那汉学家的功底,进了藏经洞,用了三星期,对如山的书卷进行了认真的过目和筛选,只花了 400 两白银,就带走了藏经洞文书中的精品 6600 余卷。

伯希和踌躇满志,于 1909 年 9 月在路过北京时将一些珍本秘籍当众展示,这才使敦煌藏经洞的重大发现大白于天下。学界巨子罗振玉、蒋伯斧、王国维等看到后"始大骇悟",并因此扼腕顿足,痛心疾首,继而奔走呼叫,促使清政府下令把劫余的遗书运至北京保存。在起运前,王圆箓不失时机,又转移、藏匿了不少文书。1910 年,剩余藏经洞文书押运北京,一路之上,各地官绅争相拣取。进京后又遭盗掠,至京师图书馆仅存 18 箱、

8600 余卷，其中许多还是由撕为几段的残经凑数。

但敦煌的劫难并未到此为止。伯希和之后，日本人吉川、桔瑞超，俄国人奥登堡，丹麦人索雷森等又先后来到莫高窟，在从王圆箓手中骗买其私藏的藏经洞文书的同时，还盗走了莫高窟许多精美的彩塑和壁画。1922 年，白俄陆军少校阿连阔夫率残部 500 余人由新疆逃奔敦煌，甘肃政府无处安置，就将他们驱赶至莫高窟暂住。这些白俄士兵将洞窟、寺院的门窗、匾额砸碎烧火，在洞窟内生火做饭，任意刻画。

图 60 伯希和

图 61 榆林窟外景

为了寻找财宝，他们将大量泥塑挖心掏腹、断手凿目，给莫高窟造成无法弥补的惨重损失。1923 年秋至 1924 年春，美国人华尔纳最后一个来到敦煌，看到莫高窟的惨状，气愤不已，声称要拯救这些稀世珍宝。但他拯救的方法就是在一些精美壁画上涂上特制化学溶液，粘上纱布，然后撕下来带走,为莫高窟的壁画留下了 26 个刺目的"天窗"！临走时,华尔纳还顺手牵羊,带走了 328 窟内一尊精美的盛唐彩塑。

4.敦煌学的产生

敦煌藏经洞遗书如同失散的珍宝,在全世界 10 多个国家和地区的 40 多个图书馆、博物馆、研究所和大学的库房里、保险柜中熠熠闪光。谁拥有了敦煌遗书,顷刻之间就会由名不见经传而名闻四海。与此同时,一大批有关敦煌和藏经洞遗书研究的论文、专著、画刊竞相在英国、法国、德国、日本等国问世。斯坦因、伯希和等人有关中亚探险和敦煌遗书的演讲、报告会在各国举行。大家众口一词:世界性的名作都齐聚于敦煌。敦煌艺术"超越时代,超越国境,超越所有人的价值观"(平山郁夫)。20 世纪初一门崭新的国际显学——敦煌学,就这样诞生了。但当时的中国,战祸连绵,政府腐败,民不聊生,国内学者"所撰述得列于世界敦煌学著作之林者,仅三数人而已"(陈寅恪)。以致欧洲人狂妄地宣称:"敦煌在中国,敦煌学在欧洲！"日本人也说:"敦煌学在日本！"

中国第一个研究敦煌遗书的,是当时的甘肃学政叶昌炽,他是清末中国著名的金石学家。1903 年,他就早于国内其他学者许多年看到了藏经洞遗书,在其著作《语石》《缘督庐日记》中,首次记述了藏经洞出土经卷、文书及其他文物的情况,并对部分写经、画像和碑刻拓片进行了考订,而且还向甘肃藩台衙门提出将藏经洞遗书运往省城保管的建议。可惜他未亲赴敦煌,也再未过问藏经洞遗书的下落,与历史失之交臂,错过了一个保护、研究藏经洞遗书的历史机遇。

1909 年 10 月,罗振玉、蒋伯斧、王国维等人观看了伯希和展示的敦煌遗书并得到一些照片和资料之后,罗振玉编成了《鸣沙石室遗书》一书,并发表了《敦煌石室书目及其发现之原始》一文,这标志着中国人研究藏经洞遗书的发端和敦煌学在中国的诞生。紧接着,王仁俊的

图62　樊锦诗女士

《敦煌石室真迹录》、蒋伯斧的《沙州文录》、王国维的《敦煌发现唐朝之通俗诗及通俗小说》、刘复的《敦煌掇琐》、向达的《唐代佛曲考》等相继出版，拉开了中国敦煌学研究的帷幕。这一时期研究的对象主要是藏经洞遗书，研究方法主要是整理、校勘和考证，理论上的分析和评述较少，也未涉及敦煌石窟艺术。

1930年，陈寅恪先生为陈垣的《敦煌劫余录》作序。在《序》中他首次提出了"敦煌学"的概念："一时代之学术，必有其新材料与新问题。取材此资料，以究求新问题，则为此时代学术之新潮流……敦煌学者，今日世界学术之新潮流也。"有感于藏经洞遗书流散于世界各国，敦煌石窟艺术惨遭破坏，中国敦煌学研究远远落后于国外的现状，陈寅恪先生又发出了"敦煌者，吾国学术之伤心史也"的感慨。

1931年9月，贺昌群发表《敦煌佛教艺术的系统》一文。这是中国学者关于敦煌石窟艺术研究的第一篇专论，从此敦煌石窟艺术成为引人注目的研究课题。1934年，王重民、向达受北平图书馆派遣，分别前往伦敦和巴黎查阅、抄录和拍摄敦煌遗书。1937年5月，建筑学家梁思成先生亲自赴敦煌考察古代建筑，这是第一位到敦煌实地考察的中国学者，其时距藏经洞发现已37年矣！此时中国学者在继续整理、编辑、刊布敦煌遗书目录的同时，对藏经洞文献的研究也渐趋深入。就在敦煌学说刚刚确立、日寇侵华的铁蹄践踏着祖国半壁河山的1941年3月，一位身着布衫的四川汉子带着妻小、赶着大轱辘牛车行进在通往敦煌的漫漫古道上，他就是被徐悲鸿誉为"五百年来第一人"、在当时中国画坛的地位如日中天的一代宗师张大千。他此行的目的，原是想观摩唐人手迹3个月。但他一进莫高窟，就被敦煌艺术博大精深的气势所震撼，当即决定安营扎寨、登记编号、临摹壁画，而且一干就是两年半！人手不

图63　张大千

够，就从青海塔尔寺等地聘请；经费紧缺，就变卖田产和花了无数心血收藏的古代名画。张大千此行在中国敦煌学史上具有划时代的意义。一方面促进了大批学者前往敦煌考察、研究和临摹壁画，另一方面促进了敦煌保护、研究机构的成立，更重要的是开拓了如何借鉴传统进行创新的艺术之路。

图64　常书鸿

1944年1月，《张大千临摹敦煌壁画展览》在成都、重庆等地先后展出，引起了很大轰动，万人争睹。灿烂的敦煌艺术经张大千之手首次展现在国人面前，成为"敦煌学领域中不朽之盛事"（陈寅恪）。正当张大千潜心临摹、研究敦煌壁画之时，时任国民政府监察院院长于右任来莫高窟参观考察，张大千便乘机提出了建立机构、保护国宝的建议。于是，在张大千于1943年10月离开莫高窟时，"国立敦煌艺术研究所"已经在这里开张了。首任所长就是浙江学子、留法博士常书鸿。中国敦煌文物的保护和研究从此掀开了新的一页。

常书鸿从巴黎到敦煌，不仅个人的生活方式发生了巨变，就连他的精神也在这个终生不渝的决定中得到了"涅槃"！他率领弟子，从灯红酒绿的巴黎、重庆来到野狼出没、风沙肆虐的戈壁深处，忍受着寂寞、孤独和妻子背离的痛苦，以"萨埵那太子舍身饲虎"的精神，承担着保护、研究敦煌

图65　段文杰

077

艺术的重任,被誉为敦煌的"保护神"。1948 年 10 月,敦煌艺术研究所在南京、上海等地举办了《敦煌艺展》,展出了自 1944 年以来的临摹品 800 余幅。同时还出版了史岩的《敦煌石窟画像题识》一书,这是我国第一部刊布敦煌石窟题记资料的专著。

5.敦煌文物的保护和敦煌学的繁荣

新中国刚建立,人民政府就接管了敦煌艺术研究所,并改组为"敦煌文物研究所"。敦煌文物的保护、研究从此进入新的历史时期。1956 年,在周恩来总理的亲自关怀下,国家拨出巨款修复和保护敦煌文物。同时,一大批献身于敦煌艺术的画家和研究学者来到敦煌,展开了艰巨的保护、探索和研究工作。一个个水平很高的敦煌艺术展在国内频频举办,一大批高质量的研究论文、专著、画刊和专业期刊在国内外发表或出版。1964 年,莫高窟维修加固工程完工并对洞窟进行了重新编号,为进一步全面展开石窟艺术研究打下了基础。"文化大革命"10 年,百花凋零,所幸莫高窟在各方面的努力下幸存了下来。改革开放以来,在各级政府的关怀下,中国的敦煌学研究在浩劫之后又重现生机。1983 年 8 月,"敦煌—吐鲁番学会"在敦煌成立;1984 年,敦煌文物研究所升格、扩编,并更名为"敦煌研究院"。这标志着中国的敦煌学研究进入了蓬勃发展的新阶段。与此同时,国家投入巨资对莫高窟进行全面保护维修,莫高窟基础设施建设也得到根本改善。在文物安全、壁画和塑像修复、环境监测、治沙固沙、石窟科学管理和对外开放等方面取得了显著成绩,使敦煌文物保护工作成为我国文物有效保护、合理利用和精心管理的典范。一大批敦煌学研究机构和资料中心相继在全国各地的有关大学、图书馆和社科机构建立。敦煌研究院与国内各有关方面联合组织了一次又一次全国性和国际性学术研讨会,来自国内各有关学术单位和英国、法国、德国、美国、瑞典、日本、韩国、澳大利亚等 10 多个国家和我国台湾、香港地区的数百名专家学者多次参加盛会。在每次提交会议的论文中,中国学者的论文都占 80% 以上,有力地推动了世界范围内敦煌学的进展。与此同时,敦煌学研究的发展也丰富了中国现当代文化的内容。以敦煌文化为背景的歌舞戏剧、影视、绘画、摄影和工艺品等,不时出现在舞台、荧屏、银幕和各种展览以及人们的日常生活中。运用自然科学技术保护敦煌彩塑、壁画以及石窟窟体和建筑以及周边环境,也取得了成功,并处于世界领先水平。到 20 世纪 90 年代,中国的敦煌学研究无论在数量还是质量上,都远远走在了世界前面并得到国际敦煌学界的公认。日本敦煌学家感慨地说:"我们必须承认,敦煌研究院已经成为现今世界上当之无愧的敦煌学研究中心！"敦煌学终于回到了中国。在这一历史性的过程中，一代又一代敦煌研究院人扎根戈壁滩，心系莫高窟，克服了常人难以想象的困难，做出了艰苦卓绝的努力。常书鸿、段文杰、樊锦诗就是他们中的优秀代表。

现今的敦煌学已经由最初主要研究敦煌文书，延展到以敦煌文书、敦煌石窟、敦煌史迹为主要研究对象，内容涉及宗教、艺术、历史、考古、语言、文学、民族、地理、哲学、思想、科技、建筑、古籍校勘、中西交通等学科，对揭示敦煌、河西及至我国古代社会、中亚古代社会和中西交通等方面的历史面貌，探求各研究对象之间的内在联系，弘扬中华民族的优秀文化，加强中外文化交流正在发挥着越来越大的作用。

链接1：藏经洞与王圆箓

藏经洞 莫高窟第16窟甬道北侧壁内的一个小窟，编号17窟，俗称藏经洞。开凿于唐代，是吐蕃时期张议潮收复河西之后(777—848年)在政治上、宗教上起过重要作用，受到唐王朝的褒奖，被封为京城内外临坛大德、赐紫衣、充河西释门都僧统摄沙州法律三学教主洪辩和尚生前坐禅的禅窟。他圆寂后，成为纪念他的影堂。窟内北壁地面上有一长方形禅床式低坛，上置洪辩真容彩塑的坐像，像后两侧壁上分画执杖侍女和擎扇比丘尼。西壁北侧嵌一石碑，碑文为洪辩告身、敕牒诏书和敕赐衣物录本。该洞被封闭后，洞外又抹上一层泥壁，再绘上壁画，严严实实隐藏了1000年左右，直到20世纪初叶被人发现。

洪辩影窟何时因何被封闭为藏经洞，尚不见文字记载，至今为一历史悬案。人们凭借各种旁证，提出了宋初避西夏之乱说、宋皇祐(1045年)之后说、宋绍圣(1094—1098年)避伊斯兰哈喇汗王朝东击西夏说和敦煌曹氏归义军时期(924年)说等4种推测，试图解开藏经洞封闭之谜，但迄今无定论。

王圆箓 藏经洞的发现者，清末莫高窟道士，湖北麻城人，逃荒至酒泉巡防营当兵，后流落敦煌，在莫高窟下寺当道士。为了在这里安身立命，王圆箓走村串户，化缘募捐，搞起了自认为"功德无量"的重振莫高窟的"善事"。1900年7月3日，王圆箓与雇的工人清理完16号洞窟甬道的积沙之后，有善男信女前来进香，便请一位姓杨的师爷坐在甬道北壁记录大家捐赠的钱粮。杨师爷点个小油灯，吸水烟时将芨芨草棍在油灯上燃着后点烟，点完烟顺手将草棍插入背后墙壁上的小缝中。数次之后，墙上裂缝越来越大，于是就发现了藏经洞。而据王圆箓所说，7月3日这天，"忽有天炮响震",继而"壁裂一孔,仿佛有光,破壁则有小洞豁然开朗,内藏唐经万卷,古物多名,见者惊为奇观,闻者传为奇物"(《王道士圆寂墓志》)。这当然是故弄玄虚。当时王圆箓进入洞中,只见这个长宽各3米多、高2米多的洞窟中,从地面至窟顶,层层摞摞堆满了用各种布料、丝绢包裹着的一包一包的书卷。王道士当然想不到,他的发现能震惊世界,被国际学术界称为20世纪最伟大的发现之一。

链接2:中国的主要石窟名录

新疆 拜城的克孜尔石窟、托呼拉克店石窟,吐鲁番的柏孜克里克千佛洞、胜金口石窟、雅尔湖石窟,鄯善的吐峪沟石窟,库车的森木萨姆石窟、玛扎博赫石窟、克孜尔嘎哈石窟、库木吐拉石窟、台台尔石窟,焉耆的七格星明屋,叶城的棋盘千佛洞等。

甘肃 境内的石窟是丝绸之路上数量最多、保存最好的,故有"石窟之乡"之称。主要有敦煌的莫高窟、西千佛洞,安西的榆林窟、东千佛洞、水峡口石窟,玉门的昌马石窟,肃南的文殊山石窟、马蹄寺石窟、石佛寺石窟、金塔寺石窟、决祥石窟,永靖的炳灵寺石窟,武威的天梯山石窟,靖远的法泉寺石窟、寺儿湾石窟,甘谷的大象山石窟、华盖寺石窟,武山的拉梢寺石窟、水帘洞石窟、木梯寺石窟、禅殿寺石窟、显圣池石窟、鲁班山石窟、铁笼山石窟、千佛洞石窟,天水的麦积山石窟,西和的法镜寺石窟、八峰崖石窟,庆阳的北石窟寺,泾川的南石窟寺、王母宫石窟、罗汉洞石窟,景泰的沿寺石窟,合水的张家沟门石窟、保全寺石窟、莲花寺石窟,华亭的石拱寺石窟,庄浪的陈家沟石窟、云崖寺石窟,张家川的花果山石窟,民乐的上天乐石窟、童子寺石窟,肃北的五个庙石窟,永昌的石佛崖石窟、云藏石窟等。

宁夏 固原的须弥山石窟,海原的天都山石窟,中宁的石空寺石窟,彭阳的川口石窟寺等。

陕西 麟游的慈善寺石窟,彬县的大佛寺石窟,淳化的唐金川湾藏经石窟,延安的清凉山万佛寺石窟,富县的石泓寺石窟,黄陵的千佛洞,榆林的万佛洞石窟等。

河南 洛阳的龙门石窟等。

山西 大同的云冈石窟等。

链接3:西域诸国

高昌 今吐鲁番,是多民族文化的交汇处。汉代以来该地就为丝路南北两道交汇点,为戊己校尉驻地。

庭州 在今天山以北吉木萨尔县破城子。汉代这里是车师后部。

伊州 亦称伊吾,即今哈密,是唐代经营西域政策的支点,也是丝绸之路上另一重要商埠。

龟兹 今库车,汉代为西域"凡国五十"之一,地当西域中道。乐舞名满天下。

于阗 今和田,丝绸之路西域诸国中建国最早的国家之一。盛产美玉。唐代西域的佛教中心。

疏勒 今喀什,汉代,西域旧国,地当西域中道、南道汇合点上,地理位置十分重要。

碎叶 即今吉尔吉斯共和国和托克马克西南的阿克贝欣城,位于碎叶河(即楚河)南岸。又称碎叶水城。是唐代西北部所能控制的最远地方,为当时军事重镇安西四镇之一。置于唐贞观十二年。

第三章　丝绸之路申报世界文化遗产

(一)丝绸之路整体"申遗"的由来

丝绸之路整体申报世界文化遗产的规范概念为"中亚与中国丝绸之路申报世界文化遗产"。为了叙述的方便,我们将其称为"丝绸之路申报世界文化遗产"。这一工作的正式启动是在 2006 年下半年。本次跨国联合申遗,将使沉寂已久的丝绸之路焕发青春,而这一切可以追述至 20 年前的一个研究项目。

丝绸之路所蕴含的丰厚历史及独特的文物遗存所体现出的普遍文化价值是属于全人类共同的珍贵文化遗产,一直受到联合国教科文组织及世界遗产委员会的高度关注。1988 年,联合国教科文组织启动了"对话之路:丝绸之路整体性研究"项目。该项目是教科文组织"文化发展十年计划"的一部分。通过组织国际性科考活动、研讨会和会议等,"对话之路"项目带动了与丝绸之路相关的课题研究,同时还组织了 5 次国家科考活动,以加强东西方交流和对话。

"对话之路"项目的成功实施,使得一些有识之士开始考虑,将丝绸之路整体或部分地申报世界遗产。2003 年,联合国教科文组织改变了"申遗"规则,由以前的自由申报变成每个成员国每年只能申报一处遗产。为了保持丝绸之路作为文化线路的连续性和其文化价值的完整性,同时也为了尊重丝绸之路在东西方文化交流史上的独特作用,世界遗产委员会通过长期的考察和准备后,决定协调沿线缔约国联合申报世界文化遗产。丝绸之路的"申遗"可以不占有关国家当年"申遗"的名额,把几十个遗产点作为一个整体进行一次性申报。这大大增加了相关国家的积极性。

2005 年 11 月,在哈萨克斯坦阿拉木图召开的联合国教科文组织中亚地区研讨会上,来自该地区的成员国会议代表,一致通过了将丝绸之路中亚段作为遗产备选点申报的计划。2006 年 8 月,在新疆吐鲁番举行的研讨会上,来自中亚国家、中国和联合国教科文组织的 50 名与会代表进一步肯定了该计划。更为实质性的行动则始于 2006 年 10 月,联合国教科文组织在乌兹别克斯坦的撒马尔罕会议上,讨论了丝绸之路中亚段的申报,形成了丝绸之路概念文件。2007 年 4 月,在西安召开的"联合国教科文组织丝绸之路申遗地区研讨会"上,中国、哈萨克斯坦、吉尔吉斯斯坦、塔吉克斯坦、乌兹别克斯坦等 5 个国家通过了该概念文件。

2008 年 8 月，世界遗产委员会在新疆召开了由代表丝绸之路核心地段的中国和中亚五国参加的协调会。

会议根据《保护世界文化与自然遗产公约执行指南》和有关国家的实际情况，就今后丝绸之路整体"申遗"中的跨国协作问题和具体工作提出了初步行动计划，即《丝绸之路跨国联合申遗吐鲁番初步行动计划》。该计划就丝绸之路文化遗产的定义与定性、遗产的入选标准、工作机制和进度等问题在国家层面进行了初步的探索与交流，以期经过会后进一步的工作，最终形成实施方案。

(二)丝绸之路整体"申遗"的工作计划

2008 年 7 月，世界遗产中心已向世界遗产委员会第 32 次会议提交审议中国和中亚国家的丝绸之路"申遗"概念文件。该文件提出：鉴于丝绸之路线路漫长，涉及国家众多，应分段申报世界遗产，首先由中国和中亚国家联合推进丝绸之路沙漠之路申报世界遗产，并将其列入 2010 年申报计划。根据该概念文件制定的时间表，各国应于 2008 年 9 月、10 月向世界遗产中心提交申报初审文本；2009 年 2 月提交正式文本；2009 年 8 月接受国际专家评估；2010 年，世界遗产委员会将审议第一批申报的遗产。后来，由于一些国家"申遗"准备工作进展困难，世界遗产委员会又决定将审议时间由 2010 年推迟到 2011 年。

1.中国 48 项遗产纳入丝绸之路"申遗"备选点

中国丝绸之路"申遗"涉及河南、陕西、甘肃、宁夏、青海和新疆 6 省、自治区。

2007 年 9 月，国家文物局根据专家评估意见，确立了包括陕西张骞墓、宁夏固原城、甘肃麦积山石窟等共 48 项遗产在内的中国申报遗产备选点推荐名单。其中有些遗产项目包括了多个遗产点，48 项遗产囊括了我国西部腹地大部分重要文化遗产。

2.甘肃有 11 项遗址入围

丝绸之路甘肃段东起平凉、天水与陕西相接，西至敦煌进入新疆，全长 1660 多千米，沿途保存了丝绸之路多个时期的宗教寺庙、古城址、驿站和墓群等中西文化交流遗址，在一定程度上成为整个丝绸之路文化遗产的缩影。在这次国家文物局推荐的 48 处遗产申报点中，甘肃共有麦积山石窟、水帘洞石窟—拉梢寺、炳灵寺石窟—下寺、玉门关及河仓城遗址、锁阳城遗址及墓群、骆驼城遗址及墓群、果园—新城墓群、张掖大佛寺、马蹄寺石窟群—金塔寺和千佛洞、榆林窟、悬泉置遗址等 11 处遗址经初选入围。这些遗产点价值突出，保存较好，保护机构健全，基本能够满足或经过努力在 3~5 年内能够达到世界遗产的标准和要求。

链接：丝绸之路申报世界遗产中国遗产备选点名单

河南省　巩义石窟寺、汉魏洛阳故城、隋唐洛阳城、白马寺、汉函谷关与崤函古道。

陕西省　汉长安城遗址、茂陵及霍去病墓、张骞墓、鸠摩罗什舍利塔、唐长安城遗址、兴教寺塔、法门寺地宫、大秦寺塔、昭陵、乾陵、彬县大佛寺石窟、西安清真寺。

甘肃省　麦积山石窟、水帘洞石窟—拉梢寺、炳灵寺石窟—下寺、玉门关及河仓城遗址、锁阳城遗址及墓群、骆驼城遗址及墓群、果园—新城墓群、张掖大佛寺、马蹄寺石窟群—金塔寺和千佛洞、榆林窟、悬泉置遗址。

宁夏回族自治区　固原城、固原北朝和隋唐墓地、开城遗址、须弥山石窟。

青海省　热水墓群、日月山故道、西海郡故城、伏俟城。

新疆维吾尔自治区　交河故城、高昌故城及阿斯塔那墓地、台藏塔、苏巴什佛寺遗址、楼兰故城、尼雅遗址、克孜尔石窟、库木吐喇石窟、森木塞姆石窟、柏孜克里克石窟、吐峪沟石窟、马哈穆德卡什卡利麻扎。

图66　丝绸之路甘肃段重要遗产点示意图

（三）甘肃 11 处备选遗产点简介

1.麦积山石窟

麦积山石窟位于天水市麦积区，为古丝绸之路要冲，东连关中，西通河西，南达巴蜀，为佛教的传播提供了便利的条件。继新疆克孜尔千佛洞和敦煌莫高窟之后，约在十六国后秦（384—417 年）、西秦（385—431 年）时期开凿建造。

麦积山海拔 1742 米，古称"秦地林泉之冠"，是我国秦岭山脉西端小陇山中的一座奇峰，属于丹霞地貌中的麦垛式，俗称麦积山，在其几近垂直的东西崖体上开凿了数百处窟、龛，故称麦积山石窟。在如此陡峻的悬崖上开凿成百上千的洞窟和佛像，在我国的石窟中是罕见的。古人形容其为"青云之畔，峭壁之间，镌石成佛，石龛千室"，"有龛皆是佛，无壁不飞天"。这里荟萃了我国许多泥塑艺术珍品，各种塑像栩栩如生，表情逼真，喜、怒、哀、乐、虔诚、天真、慈祥等表现得淋漓尽致，极富生活情趣，因此，麦积山成为当时全国佛教重地之一。后历经北魏、西魏、北周、隋、唐、五代、宋、元、明、清等十余个朝代的开凿和重修，现存大小窟龛 221 个，各类造像 3938 件（包括单体造像、组合造像、造像碑上的浮雕千佛等，总计 10632 身），壁画 979.54 平方米。因大量精美的泥塑造像，被称为"东方雕塑陈列馆"。此外，还有附属的古建筑群瑞应寺、舍利塔以及诸多碑碣、经卷文书等文物。

东西崖雕塑大的高达十五六米，小者仅 20 多厘米。最大的一组摩崖造像在 1000 米外就可以看到。那是隋文帝开皇、仁寿年间（581—604 年），塑于七佛阁下的高达 15 米的三尊摩崖大佛，体态庄严，面容慈祥，已有近 1400 年的历史，至今保存完整。东崖主要有涅槃窟、千佛廊、散花楼上七佛阁、牛儿堂。

北魏晚期建造的涅槃窟，至今还保存着相当完整的石造屋脊、屋檐和支撑它的四根大石柱以及柱头，柱顶的石刻莲瓣和"火焰宝珠"浮雕，对于研究我国石窟寺建筑史和中、印艺术的融合过程，具有重要意义。

在长达 32.4 米的千佛廊里，魏代 258 身石胎泥塑佛像分上下两排排列。众佛喜怒哀乐神情各异，或抑或扬，或智或愚秉性不同。被人们誉为泥塑像"大观"的万佛堂，在西崖一隅。《太平广记》说"广古今之大殿，其雕梁

图 67　麦积山石窟

画栋,雕栋云楣,并就石而成;万躯菩萨,列于一堂"。迎门而立的接引佛,高 3.5 米,是唐塑宋修的一尊优秀创作。它姿态优美,面容慈祥,两手作徐缓的接引之势,颇具温暖的触觉感。

穿过千佛廊,再上一重栈道,就是北周(6 世纪中叶)开凿的散花楼上七佛阁了,它悬在离开地面 50 多米的崖壁上。这是麦积山规模最为雄伟的一个石窟。

牛儿堂,除了三个佛龛里有唐代线条流畅、做工精美的塑佛和菩萨值得一看而外,最奇怪的是,外廊上有一位气势威猛的天王,双脚踩在一头伏卧在地而神气十足的牛犊身上。这是我在国内其他石窟里所没有见到过的。

东崖到西崖之间,飞桥栈道凌空,形势极为险要。

西崖主要有万佛堂、天堂洞和 121 窟。万佛堂又叫"碑洞",编号第 133 窟。此窟凿石而成。一尊 3.5 米高的接引佛,双目微合,恬静慈祥,做双手接迎之状。第 87 窟的泥塑为北魏的西域僧人,高鼻、深目、长眉,是典型的西域人形象。第 165 窟宋代供养人塑像,似乎是捐钱凿窟的女主人的真实写照。

麦积山石窟艺术 佛教艺术反映了佛教思想及其产生发展的过程，它虽然不像其他艺术那样直接反映当时的社会生活，但却曲折地再现了历代人物的生活景象和当时社会的政治、经济状况，内涵丰富，风格独具。如果说莫高窟是一个巨大的壁画殿堂的话，麦积山石窟就是一座精美的泥塑陈列馆。本来麦积山石窟和莫高窟一样，都因山石疏松，不宜在岩石上精雕细镂，全以泥塑和壁画等艺术形式来宣扬佛教思想和佛经内容。但因麦积山一带阴湿多雨，地震比较频繁，原来的壁画大多已经剥蚀殆尽，现在主要以精湛优美的泥塑称著于世。这些未经窑烧的泥塑像虽经千百年的风吹、日晒、雨淋，既不溃散，也未龟裂，坚如陶瓷，油光发亮，实属难能可贵。用泥塑作造像，只有中国盛行，这也是在世界雕塑史上的独创。

麦积山石窟的早期作品，大部分是未经后代濡染的唐朝以前的原作，

它们填充了国内十六国至北朝时期泥塑艺术的短缺。而且各时代作品几乎都有,能系统地反映各代泥塑艺术作品的独特艺术风格。

深厚的民族传统和强烈的民族意识,是麦积山石窟泥塑艺术中最突出的特点。尽管早期的佛和菩萨像,从形貌到衣着,都还带有一定的西域和印度风味,但那种圆雕与平刀相结合、压线条与阴刻纹同时并用的制作方法,则完全是我们本民族固有的传统技法。到了北魏以后,不论是佛还是菩萨,从形象到衣着饰物,则完全变成了汉民族的样式。而那种"以形写神"和"形神兼备"的表现手法,更充分体现出我国古代雕塑艺术的独特风格。

明显的世俗化倾向和浓厚的生活情趣,是麦积山石窟艺术的又一个显著特征。我国多数石窟和寺院的早期造像,一般都将佛像做成庄严、肃穆、至高无上、神圣不可侵犯的样子。在麦积山石窟里,尽管也有这样的作

图68　麦积山石窟

图 69　麦积山石窟塑像

品，可是从北魏早期开始就有了明显的变化，尤其是北魏晚期以后的佛像，差不多都塑造成俯首下视、面容娟秀、体态端庄、慈祥智慧、和蔼可亲、美丽善良的母性形象，有的甚至类似陕甘一带农村中常见的少女。第44窟造像曾轰动日本，被赞为"东方维纳斯"。尤其值得一提的是123窟内那对童男女，他们颈项上各套戴一个"长命圈"，这是陕甘一带农村常见习俗的生动写照。它们虽然出自1400多年前西魏人的手笔，却使我们明显感到宛如现实生活中的孩子。这说明塑匠们在造像过程中，把民间的生活现状如实地带到佛窟中去，使神灵与人间化为一体，因而使得麦积山石窟作品格外富有人情味和民间气息。

　　上彩不重彩，或者直接用素泥表现质感的独特方法，也是麦积山石窟艺术的一个重要特点。麦积山石窟现存的绝大多数作品，原来都是上过彩的，只是由于当时的泥塑作品在最初塑像时，便将衣服上的褶襞和身上的肌肉、血管等，都用柔和细腻的泥巴充分地表现出来，因此当原有色彩剥落后，仍显得质朴素净，富有雕塑感。部分作品由于泥巴的特殊处理，经过千百年的风吹、日晒、雨淋，现已变得具有明显的质感，甚至像新塑的一样。

麦积山石窟除珍贵的泥塑外，还有一定数量的石雕和壁画等艺术珍宝。如万佛洞第 16 号造像碑浮雕，描绘释迦讲经说法，构图严谨，刻画细腻，人物各具神态，表情自然，非常传神。而壁画中无论是描写从容前进的马匹、凌空翔翔的仙鹤，或是表现骑马作战、追逐野兽的场面，都善于掌握动势，充满着活力。这类作品数量虽然较少，但那生动优美的艺术形象和精细巧妙的构图布局，以及纯熟洗练的制作技法，在我国现存南北朝同期作品中，是非常杰出的。麦积山石窟艺术作品是我国古代劳动人民勤劳、勇敢、智慧的结晶，它们不仅全面真实反映了我国从 4 世纪末叶以来，在雕塑、绘画等艺术方面的发展演变过程和辉煌的艺术成就，而且对研究我国古代泥塑、石雕、建筑以及宗教等有关历史文化，提供了形象系统的实物资料。

链接：丝路由关中入陇的第一站——天水

丝绸之路从西安西行，经宝鸡，过千阳、陇县，越陇山，入甘肃境到达的第一个重镇就是天水。这条路自东汉至唐宋，一直是关中通往陇上的捷径。

图70　拉梢寺摩崖浮雕大佛

唐代高僧玄奘赴印度取经和许多商贾西域之行，都是从这里攀缘跋涉到达天水的。同时，来自西域的使臣、商贾、艺人，大多也是从这里到达中原的。

此路在古代和近代，既是东西交通咽喉，又是兵家必争之地。

天水不仅据守着重要的地理位置，而且以悠久的历史在中国古代史上彰显出浓墨重彩。上溯至远古时代，传说观天象、创造八卦历法、教民结网、从事渔猎的华夏三皇之首伏羲就诞生在这里。与此对应的秦安大地湾遗址把中国的历史文明推至 8000 年以前。远在丝绸之路开通前的春秋战国时期，统一中国的秦人也发迹于此。天水现有县级以上文物保护单位 93 处，其中全国重点文物单位 11 处，与莫高窟所在的酒泉市并列全省第一。出土文物数量也在全省名列前茅。大量文物均展示了这里历史的古老和文化的灿烂，厚实的文化积淀在后来丝绸之路中西文化的融合、传播中发出了耀眼的光辉，并随着丝绸之路的兴盛而发展繁荣。特别值得一提的是，这里石窟星罗棋布，麦积山与大象山、华盖寺和水帘洞、拉梢寺、木梯寺、禅殿寺等时代不一、形态不同的石窟，成为丝绸之路甘肃段"石窟走廊"的一个重要组成部分。

注释：陇山，古时称"陇坂"，是六盘山脉系向南延伸的部分，为渭河平原与陇西高原的分界线。

2.水帘洞石窟——拉梢寺

水帘洞石窟——拉梢寺位于武山县榆盘乡钟楼湾村鲁班峡中。石窟周围的丹霞地貌风光绵延几十里，奇山怪峰似鬼斧神工造就。有对联形容这里"世外桃源天雨妙华称福；人间仙境地灵山静洞天"。拉梢寺保存有我国北魏早期至清代的悬塑、漆雕壁画及古建筑、古雕刻、楹联、匾额等众多的艺术种类。

两处石窟分列鲁班峡两侧，东西相对，周围现存四处遗址，统称水帘洞石窟群，其中以拉梢寺石窟价值最高。"拉梢寺"意为"在崖壁堆积树木开凿出的窟寺"，最早开凿于北魏。隋、唐、宋、元、明、清历代均有所修缮，现存大小窟龛 24 个，造像 33 身，覆钵塔 7 座。佛像大多为北周至元代的艺术品。

拉梢寺所在山峰从峡谷崛起，直插云天，在高、宽各 60 多米的峭壁凹崖上，塑造一高达 42 米的释迦牟尼像，被称为"世界第一大摩崖浮雕大佛"。大佛像结跏趺坐于莲台上，双手掌心向上重叠做禅定印。佛座呈仰俯莲瓣形，镶有狮、鹿、象 3 排，上层 6 狮，中层 9 鹿，下层 9 象，周围诸多佛龛仁立着宋代小佛像。崖面上部向前凸出，又加筑风檐以蔽风雨，檐端雕刻飞云走兽，悬挂铜铃，微风过处，叮当作响，妙趣横生。整个造型留有小乘佛教的痕迹，为宋代塑像精品佳作，在我国石窟艺术中实属罕见。

拉梢寺现存壁画近 1700 平方米，分布在莲苞峰南壁崖面上。崖面三分之二为历代所绘壁画，现存部分弥足珍贵。在大佛像的四周主要绘有诸神及众生听法，兼绘单幅佛说法图；在另一部分崖面通体绘有千佛场面及单幅或成组的佛说法图。大佛北侧凿一长方浅龛，内崖阴刻北周明帝宇文毓题记一方，面积 1.6 平方米。大佛头顶千佛壁画以及遮檐上的悬塑喇嘛教塔为元代作品。大佛东侧为笔尖峰，天书洞。峰因酷似尖奇圆健的毛笔尖和莲花苞而名。据传洞内原有"天书"一部，上书蝌蚪古文，无人辨识，已佚。现有无头干尸一具，传为历史上"三武灭佛"时杀掉的僧侣尸体。

在拉梢寺缓冲区一带的峡谷中还分布有千佛洞、水帘洞、显圣池等三处窟龛群和峰团寺、砖瓦寺、金瓦寺、显圣寺、观台寺、莲花台、说法台、清净台、钟楼台、鸣鼓台等佛教遗迹，说明这一带曾经是一处规模相当大的开窟造像和佛教活动场所。

水帘洞 居峡谷南，因每当雨季瀑布自山头向崖檐滴下状若水帘而得名。洞东壁遗存 136 平方米的壁画，经由表及里层叠关系考证，是北魏开创，经隋、唐、宋至元代多次复绘。有"祇园演法"飞天、供养人等题材。其里层画像古朴，用笔刚劲有力，从装束和绘画技巧考证，应属北魏之作，如牛拉大篷车、供养人榜书等，其间浑厚的魏体墨迹题记都是北魏作品的印证。表层正中所绘大佛、菩萨和南上部浮雕喇嘛教塔，在人物造型上长鼻深眼，嘴角胡须上翘，为元代重作。而大佛头顶里层所绘飞天，手捧供物，临风飞舞，形态奔放，技巧简练概括，是水帘洞壁画中最有时代性的早期原作。

图 71　拉梢寺壁画

图 72　拉梢寺泥塑

图 73　拉梢寺泥塑

链接：甘肃东部与麦积山同期开凿的著名石窟还有南、北石窟寺

北石窟寺 位于庆阳市西峰区西南 25 千米处，蒲河和茹河交汇之东岸的覆钟山下，海拔 1083 米。因与泾川南石窟寺同时代开凿，南北辉映，故而得名。北石窟寺肇造于北魏宣武帝永平二年（509 年），由泾州刺史奚康生主持创建。历经西魏、北周、隋、唐、宋、清各代相继增修，形成一处较大规模的石窟群，包括寺沟主窟群，及其北 1.5 千米处的楼底村 1 窟（简称北 1 号），其南 1.5 千米处的石道坡石窟、花鸨崖石窟、石崖东台石窟群等，南北延续 3 千米。现存窟龛 296 个，石雕造像 2126 身，碑碣 8 通，壁画 96.7 平方米，题记 150 方。主要精华石窟集中在寺沟主窟群。此处有 283

个窟龛，密布在高 20 米、南北长 120 米的黄砂岩崖体断面上。代表洞窟有北朝的 165 窟、240 窟和盛唐时期的 32、222、263 号窟。雕凿内容极其丰富，其千姿百态的石雕艺术，浓缩了陇东汉唐文化的精华，也是古代中外文化交流的结晶，在中国佛教石窟艺术史上占有重要的位置。

图 74　北石窟寺外景

南石窟寺 俗称东方洞，位于泾川县城东泾河北岸的蓄家村。背山面水，绿树环绕，景色秀丽。据南石窟寺碑记载，亦为泾州刺史奚康生于北魏永平三年（510 年）所造。保存在洞内的南石窟寺碑，有"大魏永平三年"题记，可见晚建于北石窟寺一年。窟龛开凿在泾河北岸红砂岩上，现存 5 窟，1 号东大窟和 2 号西小窟保存较为完整。东大窟为南石窟寺的主窟，高达 13 米，宽约 17 米，深 14 米，结构独特，造型宏伟。入窟后迎面三壁围立高达 2 米多的 7 尊佛像，两旁有 13 座胁侍菩萨，形态各异，栩栩如生，为典型的北魏风格。窟顶布满浮雕，诸如舍身饲虎、宫中游戏之类的佛经故事。

图75　南石窟寺

雕刻简练概括,线条生动流畅,充分反映了古代能工巧匠的聪明才智和对未来生活的美好憧憬。余4窟皆小,剥落处露出早期壁画。其风格与北石窟寺极为相似,故称姊妹窟。窟外崖壁上有小龛十余个,均系北魏、中晚唐开凿。

3.炳灵寺窟——下寺

炳灵寺石窟位于永靖县西南黄河小积石山峡中,是国务院公布的第一批全国重点文物保护单位,它与莫高窟、山西云冈石窟、河南龙门石窟、麦积山石窟和新疆克孜尔石窟齐名,是丝绸之路南道河湟地区佛教中心,也是中国最早接受印度佛教影响而开凿的石窟之一。

炳灵寺地处古丝路交通要道,周边环境奇美。古代石窟寺一般都开凿在交通大道及其附近,或是奇山异水处,或是较僻静的地方,这样既有利于僧侣静心念经苦修,也便于寺外善男信女和来往的官吏、商贾、旅游者朝拜。炳灵寺石窟也是这样,分上、中、下寺依次开凿建造在交通方便、山奇水秀的小积石山中。这里的奇美环境特征在《水经注》(北魏郦道元著,约482年成书)中有生动的描写:"河北有层山,山甚灵秀。山蜂之上,立石数百丈……远望参参,若攒图之托霄上。其下层岩峭壁,举岸无阶。悬崖之中,多石室焉。"这"人间妙绝"的层岩峭壁地质学名叫丹霞地貌,"参参立石"状,为三种丹霞类型中的悬崖峭壁式。

许多世纪以来,这里是热闹繁华的。炳灵寺佛像精美,壁画绝伦,加上

图76　炳灵寺石窟

　　"石匮藏书"的传说、大禹"导河自积石"的记载和鲁班运石筑桥于黄河上的故事,以及附近禹王庙、天桥洞、龙窝滩、九龙泉、药水沟等名胜古迹,吸引了无数的僧侣、善男信女和商贾。

　　　"炳灵寺"在藏语中是十万佛的意思。炳灵寺石窟开创于十六国西秦时期。

　　佛教自西汉末东汉初传入中国,在五胡十六国战乱的年代里,得到了当政者的特别提倡。炳灵寺也就是在这个时期形成为国内一大佛教圣地的。当时,炳灵寺所在的临夏地区是西秦的势力范围。到乞伏炽磐时,西秦王把首都由兰州附近的苑川(今榆中县境内),迁至枹罕(今临夏)。从公元4世纪末到5世纪初,西秦统治秦、河两州达47年之久。由于西秦王朝大力提倡佛教,所以炳灵寺石窟当时十分兴盛。后经北魏、西魏、北周、隋、唐时期的继续发展,逐渐形成为一处规模宏大的石窟群。宋、西夏、元、明、清各代相继修建,并发展为一处藏传佛教风格浓厚的石窟寺院。

　　炳灵寺石窟有过香烟缭绕、佛灯长明的盛况,也有过石窟倾颓、寺院荒芜的凄凉景象。保存到今天的,尚有窟龛216个、造像82尊、壁画900

平方米、佛塔 56 座，各类藏品 354 件。窟龛集中分布在下寺区，开凿在长 350 米、高 60 米的崖面上，现存 195 个，造像 804 尊，壁画 700 平方米。

进入峡口，首先看到的是炳灵寺的标志性石雕，那是下寺一尊完全依崖凿成的唐代摩崖大佛，高 27 米。

通过 46 米高的天桥栈道，登上摩崖大佛头顶上的 169 窟，就是《水经注》中记述的唐述窟。该窟始建于西秦建弘元年（420 年），窟龛 50 多个，面积 200 多平方米，保存着目前我国石窟造像已知最早的题记，还有我国在西秦至北魏时期为数最多的佛教造像及大量壁画。造像刚劲挺拔、古雅朴实，具有西域民族的特征，尤其是一尊无量寿佛像完全是鲜卑人的形象；壁画色彩明快，笔意遒劲自然，是研究这一时期我国历史、艺术的重要鲜活资料。在这个洞窟北面的彩塑供养人中，有一幅题铭为"国禅大师昙摩毗"的像。昙摩毗即《高僧传》中的昙无比，据说他的高徒在炳灵寺蝉蜕而逝。

172 窟距 169 窟只有几米之隔，是相邻的姊妹窟。自明代以来，由于天桥栈道的毁坏，172 窟再也没有人登上去过。1963 年当人们沿着新修的栈道爬上这个洞窟时，原想佐证《水经注》中提到"藏古书五笥"的记载，但看到的只是经历千年却依然如故的大小佛像和精美壁画。人们没有找到所藏之书，却发现了这些艺术杰作。

北魏的窟龛有 12 个。其中 126 窟建于延昌二年（513 年），内有释迦牟尼、多宝、伽叶、阿难、文殊和普贤，四壁有浮雕的千佛，布局严谨。132 窟中菩萨脚下的侏儒，造型细腻生动，表情活泼纯朴，滑稽可亲，给人以深刻印象。

唐代的窟龛有 106 个，占总数的三分之二，也是炳灵寺中最精华的部分。龛内雕塑注重人物刻画，有浓厚的世俗生活气息，发扬了我国民族艺术的优良传统。在 51 窟中，一尊庄严端正的佛像，两边并立着袒胸露臂、微微含笑、弄姿作态的二菩萨，佛界的森严等级、不可侵犯的清规戒律在这里不见了！这里保存的唐代摩崖石塔雕刻，是中西文化交流的典型作品。上半部是印度佛塔的原形，下半部是汉陶仓舍的样子，浑然一体，精巧美观，充分体现了吸收和创新的特点。

明代的窟龛有 5 个，多为密宗的作品，最典型的是 70 窟的 14 面观音像，塑法细腻，彩色鲜艳，表情庄重，传神的双眼像是在查看人间的善恶。

游览了炳灵寺石窟，人们莫不为古代画工塑匠们的技术所折服。如果说莫高窟以壁画著称，麦积山以雕塑闻名，那么炳灵寺石窟则和大同云冈石窟一样，以石雕取胜。历史学家范文澜在他所著的《中国通史》中，认为炳灵寺和莫高窟、麦积山石窟并驾齐驱，有着同样重要的历史价值和艺术价值。

图 77　炳灵寺大佛像

　　与国内其他几个著名石窟相比，炳灵寺石窟有自己的独特之处。一是
这里石雕、浮雕佛塔很多。如 3 窟正堂中间，有一座高 2.27 米的唐代石雕
佛塔，上面浮雕千佛，称千佛塔。这在其他石窟中很少见。石窟外面的崖岩
上，还有许多大小不等的浮雕石塔，这些石塔里面绝大多数藏有骨灰，是
佛弟子（也有喇嘛和道教的弟子）在其师父生前或死后凿雕的。这是佛教
的一种丧葬礼仪，但在其他石窟群或寺院中，佛塔是用砖石或泥土修起来

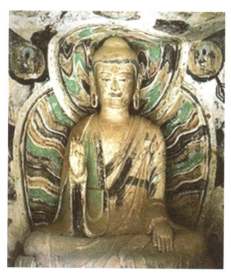

图 78　炳灵寺石刻

图 79　炳灵寺石刻

图80　炳灵寺石刻

的，很难见到浮雕的石塔。二是洞窟门顶上方里面再开洞窟，或雕或塑有卧佛。据说释迦牟尼归天时是面朝西的(即归西天极乐世界之意)。而这里的石崖是坐西面东，故在门顶上方雕卧佛，正好面朝西。这在其他石窟中是没有的。三是密宗壁画较多。这与元代密宗兴起，一个时期喇嘛教占据在炳灵寺有关。

链接:丝绸之路黄河古渡重地——永靖临津渡口

　　从天水到河西走廊至西域，主要有南北两路。南路是沿渭河而上，经临洮(古称狄道)，西至永靖的临津渡口，过黄河到青海再往北，翻祁连山过扁都口入河西走廊到西域;或从临津渡黄河到西宁，过伏俟城西至新疆罗布泊南入西域。北路是从天水过渭河，经会宁至靖远，从靖远渡黄河到景泰，再向西从古浪进入河西走廊。南北两路必过黄河，位于永靖县莲花镇的临津渡口是南路唯一的渡口,具有举足轻重的作用。正是由于这里地处要道,东西往来频繁,而且山奇水秀,便诞生了炳灵寺石窟。

跋涉在丝绸之路的人们,从长安或洛阳启程西行,或是穿过河西走廊东行到长安洛阳,不管走哪条路,都要遇到黄河险阻。在现今的甘肃、宁夏境内这段黄河上,有文字记载的丝绸之路各条线路上有名的渡口,有临津、金城、金城津、索桥、灵武等多处。临津渡口就在黄河上游的永靖县境内。具体位置大约在洮河和大夏河汇入黄河的两个入口之间。

西汉时,这里东南通临夏、临洮,西北通青海和河西走廊。汉王朝在这里设立了临津关(积石关),以保卫商旅的安全;西秦曾在这段黄河上架起似彩虹的"飞桥",使古道畅通无阻;唐代又建立了一座桥梁,以便于东西交往;北宋时,西夏占据了河西走廊,西域的商人和使者只能经过这条古道去中原,为了保护商旅和桥梁的安全,宋朝在这段黄河上筑安关乡;明代在积石山设立了茶马司,成为交易之地,还派驻军守戍。当年,满载丝绸的商队由洛阳或长安出发,沿渭河而上,过临洮,再从这里渡黄河,经西宁,入扁都口到河西;或经西宁,过伏俟城至新疆罗布泊南入西域南道。有人考证,张骞出使西域,霍去病西征匈奴,都是从临津渡口过河的。1949年秋,彭德怀元帅和王震将军指挥的解放大军,有一部分就是从这里渡过黄河天险,通过祁连山的扁都口,浩浩荡荡地挺进河西、新疆的……

炳灵寺所在地永靖县的县城,原来在大夏河汇入黄河处的莲花镇。在莲花镇至炳灵寺这段黄河上,东晋时建有"天下第一桥"。这座桥直到公元11世纪末北宋与西夏打仗时,才被西夏的李乾顺下令拆毁了。临津渡口,时兴时废,直到清末民初还设兵把守。到新中国成立前,虽不设兵把守,但仍然是一个重要的渡口。新中国成立后,由于修建了刘家峡水库,临津渡口才被淹没废弃。

4.张掖大佛寺

张掖大佛寺位于中国历史文化名城张掖市甘州区。北宋天圣六年(1028年),西夏袭击回鹘,攻占甘州。至景祐三年(1036年),西夏即全面占领河西走廊。第二年,西夏皇帝李元昊(景宗)升肃州(今酒泉)为蕃和郡,并置宣化府,积极推行一系列汉化政策,加紧对河西的经营。到李乾顺(崇宗)时,国力鼎盛,广译佛经。兴建寺院成为加强河西庶政管理的重要措施之一。凉州护国寺及张掖大佛寺正是在这种历史背景下先后修建的。

图 81　张掖大佛寺

图 82　张掖大佛寺卧佛

张掖大佛寺创建于西夏永安元年（1098年），历时五载竣工，最初名为"迦叶如来寺"，因寺内供奉释迦牟尼涅槃塑像，民间俗称"卧佛寺"。大佛寺北侧曾有万寿金塔寺，南侧后建有感应寺，两小寺相对卧佛建筑轴线相交呈"十"字状，联为一体，因此在宋、元、明之际亦概称三寺为十字寺。

大佛寺坐东面西，在中轴线上分布了山门、牌坊、钟楼、鼓楼、卧佛殿、大成殿、藏经殿、土塔等8座建筑，其中卧佛殿、藏经殿、土塔为大佛寺原有建筑，元、明、清代重修；山门、牌坊、钟楼、鼓楼、大成殿为20世纪80年代从市区其他古建筑遗址迁入，为明、清时代建筑。大佛殿北侧保留了早期建筑台基。

大佛寺卧佛是全国同类佛像中最大的一尊，木胎泥塑，金箔彩绘，身长34.5米，肩宽7.5米，仅一只耳朵就有2米长，两眼半闭，嘴唇微启，视之若醒，呼之则寐。卧佛背后塑十大弟子，两侧廊坊塑十八罗汉，个性分明，形象生动。正殿为两层，重檐歇山顶，周围绕廊。殿顶用青铜瓦覆盖，全高33米，平面长方形。殿内南北两壁为《西游记》和《山海经》壁画，构图杂而不乱。

正殿后为藏经阁。明代张掖大佛寺在佛教经籍入藏方面日臻展示出辉煌的景象。永乐年间大佛寺重建之后，便有珍贵的官本佛典及少许姑苏坊刻本佛经入藏。正统五年（1440年），明英宗朱祁镇将官版印制的经卷345种、685函、3584卷敕书颁赐给大佛寺。随之，钦差讲经兼赐宝藏的圆融显密宗师道深即至张掖，负责陆续运来佛经的移交、讲授及管理事宜。现在这里藏有泥金书写的《大般若波罗蜜多经》等佛门瑰宝。

藏经阁后面是弥陀千佛塔，相传置放着释迦牟尼的骨灰。全塔由塔基、塔身、相轮三部分组成。其一、二层台座四隅各建一小塔，风格独特，为国内罕见。大佛寺与西夏、元朝有着密切的关系。西夏太后经常来寺里朝拜、居住；元世祖忽必烈的母亲别吉太后也在这里居住过。意大利旅行家马可·波罗路过张掖时，被大佛寺的宏伟建筑和甘州的繁华所吸引，曾留居一年之久。1996年，在大佛腹中发现石碑、铜像、铜镜、佛经等珍贵文物。

链接：东西和南北大道的交汇点——张掖

有谚语说，"金张掖，银武威，秦十万"。是说张掖、武威、天水是甘肃最富饶的三个地区，而张掖是居首位的。张掖郡兼设甘州州治，就是以拥有"河西第一泉"而得名甘州的。

张掖是丝绸之路上的一大咽喉重镇。祁连山与龙首山、北大山、合黎山，夹山南北呼应，构成了这个地区北部的天然屏障。弱水（今黑河）经过张掖,穿过合黎山与夹山之间的戈壁,向内蒙古居延海流去,形成一个险要关隘。东西大道是中原通西域的要道,南北大道则是从青海西宁通往居延和蒙古的大道,可见其政治军事位置的重要。张掖之名即体现了"张国臂掖,以通西域,隔绝匈奴、南羌,断匈奴右臂"的汉武大帝的政治韬略的精神。

以祁连山冰川为水源的黑河,浩浩荡荡流经张掖绿洲,直下沙漠中的居延海。黑河灌溉的绿洲是风光绮丽的地带。古人描写张掖"一城山光,半城塔影,苇溪连片,古刹处处"。大佛寺、马蹄寺便是其中的代表。

5.马蹄寺石窟群　金塔寺和千佛洞

马蹄寺　位于肃南裕固族自治县境内祁连山系的支脉临松山区,距张掖市 65 千米。因第 8 窟马蹄殿内有一马蹄印,相传为天马下凡时所留的"神骥足迹",故名马蹄寺。马蹄寺石窟群包括金塔寺、千佛洞、南马蹄寺、北马蹄寺和上、中、下观音洞等 7 个小石窟群,每个石窟少则两窟,多则 30 余窟,总共有 70 多个洞窟。

马蹄寺石窟群始创于东晋时期,是敦煌人郭瑀和弟子为隐居讲学所造。这里草原起伏,山环水绕,满地青草。虔诚的弟子们来深山创建他们的

图 83　马蹄寺外景　　107

天国,希望他们的天国与山河永在。经隋、唐、西夏、元、明、清历代开凿和雕塑,绘制壁画,一座座佛龛寺洞便布满在方圆5千米的大大小小高高低低的悬崖峭壁间,最后组合成了壮观的石窟群落。马蹄寺曾经规模很大,据《甘肃府志》记载,明代仅藏族僧人就有五六百人。

图84　马蹄寺石窟群千佛洞

图85　马蹄寺石窟群千佛洞

在马蹄寺窟区有一面南北走向、坐西朝东的巨型灰白色峭壁。峭壁间隔一道小山岗,洞窟开在悬壁上,便分成了南北两寺。南寺窟少而多浮雕石塔。北寺有一洞窟集群,俗名"三十三天"。"三十三天"北去不远是藏佛殿,大殿的木构建筑早已毁坏,只留下一个构造复杂、规模宏大的洞窟,深度在 20 米。窟分内阵、外阵两部分。内阵为大拜殿,正壁高处开三龛,龛前设有高坛;外阵是三道回廊,三面连通,供巡礼者绕行。道宽约 3 米,两面壁间都开龛,共计有 46 龛。北寺中这种独特构造形式,在我国石窟营造史上是绝无仅有的。

　　千佛洞　从马蹄寺下山行 1 千米左右,便到千佛洞。这里层层叠叠大约有 500 多个佛塔窟龛,外面崖壁上的雕刻石塔,多数已遭风化。石塔造

图86　马蹄寺千佛洞外景　　　　图87　马蹄寺石窟群——金塔寺外景

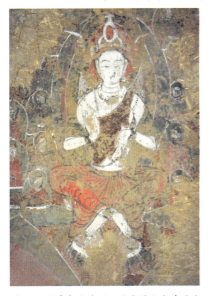

图88　马蹄寺千佛洞 8 号窟壁画交脚弥勒　　　图89　马蹄寺千佛洞 8 号窟壁画胁侍菩萨

型优美、古朴，似为北魏早期作品。塔下方有洞窟，为僧人修禅之用。

金塔寺 从马蹄寺南行约 15 千米，有一处幽静开阔的山谷，大都麻河从峡谷中静静流过，金塔寺就开凿在这里距地面约 60 米的崖壁中部，有一条 211 级陡峭石梯可达。两个洞窟均坐北朝南，中有楼道相连，洞窟形状及窟内塑像、壁画的风格大体相同，都属北魏时期石窟内容，雕像题材复杂多变。东窟内深广在 6 米左右，窟顶呈覆形，方形塔柱，柱四面分三层开龛造像。顶端四面彩色悬塑多尊飞天，部分着壁，部分离龛悬空，作下飞状，形象极为生动，是国内其他石窟少见的艺术珍品。

链接 1：扁都口与河西牧马场

从张掖驱车东南行 90 千米就到达祁连山的一个重要山口——扁都口。祁连山三四千米的雪峰横岭像一座巨大的屏障，将甘肃河西与青海隔开，扁都口是祁连山脉中甘、青两省的唯一通道，自古以来就是河西走廊南部天造地设的一个重要门户，扼守着青海至张掖的要隘。从青海来的商队，出扁都口可以前往张掖，或西行去新疆，或北走去蒙古；从河西走廊进扁都口，通过一条长约 28 千米的峡谷穿过祁连山，就到了青海的俄博。

站在扁都口北望，在辽阔的草原尽头，立着一座与祁连山对峙的焉支山。西汉时年轻的骠骑大将军霍去病讨伐匈奴，曾在此屯兵。这一代古墓出土有汉五铢钱以及铜箭头和铜弩机。焉支山出产大黄，故又称"大黄山"。山下草原广阔，水草丰美，有 3000 多年牧马历史。史称，河西之畜"为天下饶"。早在西汉时期，就一度出现了"牛马布野"的繁荣景况。畜牧业的兴盛，既为朝廷在河西屯田提供了足够的畜力，又为武装军队提供了大量优良的马匹。汉王朝在河西水草丰美之地设置了许多养马场，专门饲养军用良马。就连乌孙、大宛赠送汉朝的名驹"汗血马"，也多放在河西养马场调教。五凉时，战争中缴获的马牛羊的数量动辄数万、数十万。429 年，北魏军队征讨柔然，路经河西，见到柔然遗弃的马牛羊满山遍野，仅马匹就获100 多万匹，由此还使魏境内的马牛羊价贱。唐时，曾"置八监牧马六十万匹"。河西地区的这些养马场，有的一直延续至今，为支援历朝中央政权戍边发挥了重要的作用。有学者甚至认为，汉王朝之所以由弱到强，经略西域，就是因为以河西走廊为基地，建立起了一支强悍的、足以与匈奴匹敌的骑兵部队。宋王朝之所以国力衰微，除了其他原因外，一个不容忽视的因素，就是失去了河西地区这个天然的养马场，没有足够的良马武装军队，加之中原马个小体弱，不堪征战，所以在同西夏和金的战争中，多以失败告终。

自西汉以来,这里以当地蒙古马为基础,又引进了各种西域良马,杂交培育出了挽、乘、驮兼具的良骥。隋代在此地放养官马 10 万余匹。盛唐之时,牧马达 70 万匹。焉支山下的山丹军马场是历史最悠久、亚洲规模最大、世界第二的马场,现在仍拥有 1 万多匹马。

链接 2:铜奔马

1969 年在武威雷台一座东汉墓出土的铜车马仪仗俑,其马的原型正是青藏高原马,河西地区的乌孙、月氏和中亚大宛马经过长期杂交、育种、改良而成的挽乘兼优的良马。它们仿佛从著名的东汉画像石中走来,宛如 200 年前大量出土于江苏、山东、河南、陕西等地墓葬中东汉画像石"车骑出行图"通过立体再现古代官宦阶层那种"车辚辚,马萧萧"、"车如流水马如龙"的出行场面。尤其是长 44.5 厘米、宽 13.1 厘米、高 34.5 厘米的"马踏飞燕"(又名"马超龙雀")铜雕——俗称"铜奔马",形神兼备,气韵生动,矫健彪悍,昂首扬尾,无拘无束,张口嘶鸣,三足腾空,右后足巧妙地踏在一只飞鸟上,科学而高明地解决了古今绘画、雕塑中大师们毕生追求而不得其要领的难题,整件作品构思之独特,制作之精致,在世界艺术史上都是空前的。

武威文物工作者党寿山当年为抢救这批文物,与古墓所在地一些意见相左的人进行了激烈的争执,使这一国宝免遭回炉之灾得以保护;郭沫若先生躬身研究并向周恩来总理汇报,使它们为世人所知。震惊学术界的铜奔马多年来多次在国内外展出,赢得了世人的极高赞誉。

图 90　铜奔马仪仗队复原图

图 91　铜奔马

6.骆驼城遗址及墓群

骆驼城是建康城的俗称。骆驼城遗址及墓群位于高台县城西南 20 千

图 92　果园—新城墓群

米处的骆驼城乡西滩村，南临祁连山北麓支脉榆木山，北临戈壁平原，东北黑水河流过。始建于汉，唐代沿用。建康城故址在汉代为酒泉郡表是县地。东晋咸康元年（335年），前凉在此置建康郡。后凉龙飞二年（397年），太守段业在此创建北凉政权，自称凉州牧、建康公，为河西建康郡治所。唐周皇帝武则天证圣元年（695年），重置建康郡，天宝元年（742年）废。该遗址是中国丝绸之路上的大型汉唐古文化遗址，具有保存完整、分布区域广泛、历史脉络清晰、文化内涵丰富的特征。遗址包括的城址、窑址、古防洪工程、墓群等，呈现出以古城为中心、与周围墓群成放射状分布的格局。

建康故城坐北向南，平面呈长方形，总面积30万平方米，规模很大，分为外城、宫城、皇城三重。外城南北494米，东西425米，东、南、西垣正中各有城门，皆有瓮城。城内西南角有一座东西132米、南北79米的小城，俗称宫城。城北面有条小河，是黑水的支流白水河，北墙因河水侵蚀，已经毁坏。两城间以墙垣相隔，四角均有角墩。城垣西南角有烽燧两处。内城俗称皇城。城垣夯土版筑，底厚6米，残高7米~8米。远望巍然兀立，气势宏伟，是国内目前保存最完整的魏晋古城。

目前揭示的遗址大部分为唐代遗存，有房基、柱洞、火坑、灰坑、水井等，出土有唐代的莲花纹方砖、瓦当、陶片等。

　　墓葬　经对骆驼城遗址考古发掘，共发掘汉、西晋、十六国时期墓葬

图 93　骆驼城出土文物

图 94　骆驼城墓葬彩绘画砖

图 95　骆驼城墓葬彩绘画砖

近 70 座,发掘古城面积 1500 平方米。其中北凉时期墓葬的砖室结构墓,由墓道、甬道、前室、中室、后室组成,前室左右两壁嵌砌有彩绘画砖,内容为放牧图,形象地反映了当时河西地区的生产、生活场景,且保存状况较好,具有较高的艺术和历史价值。由于该墓早期已两次被盗,墓葬出土文物甚少,仅存一些陶器、铜器碎片。

河西郡县城邦设置,主要因自然条件和军事、政治需要而决定,大体以绿洲为中心布设,是丝绸之路东西交通大动脉的中继站和补给地。在河西走廊干旱少雨的特有自然条件下,这些古城遗址虽历 2000 多年风雨,除了一些人为毁坏外,大多仍保存较好。许多城址还屡被后代利用,使河西成为我国保存古代城址数量最多、类型最全、时代序列最完整的一个重要地区。这些城邦建筑平面多为长方形,城内多为比较规则的几何布局。城垣夯土版筑,厚实高大,一些重要城池后期还用青砖包砌。从现今保存较为完整的建康城和锁阳城遗址,我们即可窥知汉唐期间河西城池的建设规模。

7.果园—新城墓群

果园—新城墓群为两处相连的大型墓葬群,位于酒泉市肃州区城西 20 千米处的果园乡和嘉峪关市城东 18 千米的新城镇连接地段。南北长 20 千米,东西宽 3 千米,是我国北方地区已发现的规模较大的魏晋至唐代墓葬群。该墓群分东区果园墓群和西区新城墓群两个区域,是河西走廊魏晋(220—420 年)至唐代(618—907 年)的代表性墓群。自 1972 年开始,已在两处墓群共陆续发掘墓葬 50 座。

果园墓群地面可见明显封土的墓葬共有 1446 座,包括丁家闸南北石滩墓群、陶家地湾墓群、佘家坝墓群、果园西沟墓群等中小墓群,已发掘墓葬 32 座,其中魏晋时期 29 座,唐代 3 座。在魏晋时期的墓葬中,有砖室墓 17 座、土洞墓 12 座。3 座唐代墓葬均为模印壁画砖墓。

新城墓群共发现 1700 多座墓葬,分布在戈壁滩中,地面多存有沙砾堆积的封土、墓道。面积约 13 万平方米,先后共发掘 18 座,其中 9 座为砖砌壁画墓,年代多为魏晋南北朝时期。已发掘的魏晋、十六国墓葬的墓门上方,有砌筑雕砖的门楼,雕砖造型有力士、雷公、鸡首人身或牛首人身像。墓室有二室或三室,雕砖砌成屋檐。还有一些壁画墓,大多一砖一画,以墨线勾勒然后施彩,内容有畜牧、林园、狩猎、出行和建筑装饰图案等,应是当时社会生活的写照。唐墓用模印砖砌成,壁上嵌有十二生肖、骑士雕砖,地面铺莲花纹方砖。

图96　果园西沟魏晋墓(M5)壁画砖局部

果园—新城墓群是研究魏晋、隋唐时期社会生活、文化、艺术的"地下画廊"。

链接:酒泉、嘉峪关及关城

酒泉绿洲古属雍州,夏、商、周至春秋时期为西戎、氐羌牧地;战国秦汉时期先后为乌孙、月氏和匈奴所据有,汉族的地方势力也曾先后拥兵酒泉而割据一方。汉武帝元狩二年(前121年),霍去病西征匈奴收复河西后,汉政府在此初设酒泉郡,名列"河西四郡"之首。魏晋南北朝时,建制屡有变化,其中西凉王李暠曾一度将国都由敦煌迁至酒泉,随改置肃州;后唐至宋时,先后陷于吐蕃、回鹘、西夏;元代改肃州路,甘肃行中书省即取甘州(今张掖)、肃州首字而得名;明代改肃州卫,军事上管辖嘉峪关关城及沿线长城。

酒泉是古丝绸之路上从敦煌玉门关、阳关入关以后第二个重要的商业和国际贸易过境点,也是古代吐蕃、蒙古等少数民族地区的交通道口,为历代兵家必争之地。这里西南是古代国际贸易都市敦煌,西达新疆的伊吾,东面是河西走廊的另一重镇张掖,北面是古代的又一军事要地亦集乃(今内蒙古额济纳旗)。重要的地理位置,使酒泉在汉代、隋代和初唐等时期,经济发达,商业繁荣。直到15世纪初期的《沙哈鲁遣使中国记》还有如

图 97　嘉峪关城楼

下记述:"肃州城市极大,城墙为四方形,有坚固炮台,市场无幕盖,宽五十爱尔。扫除清洁,时时洒水,尘垢不起……店内羊肉与猪肉并行而挂列。各街均有华丽之建筑物,顶上有木制尖塔及炮眼,用中国漆漆之。"可见当时市场的繁华了。唐至德(756—758年)之后,酒泉陷于吐蕃,从此丝绸之路在河西中断,迫使改道,一直到大中年间(847—860年),张议潮在沙州(敦煌)起义,占领河西归唐,丝绸之路在这里才又畅通。

嘉峪关是一个新型的工业城市,有"西北钢城"之称。它得名于嘉峪关这座明代万里长城西端的天下雄关,东距酒泉市仅20千米,初建于明洪武五年(1372年)。当时,征西大将军冯胜率兵取河西,大破元军于甘州、亦集乃等地,收复河西后,在这里建立了关城。嘉峪关关城由外城、内城、瓮城、楼阁及附属建筑组合而成,它和伸延在南北两翼的长城、堡城、烽火台等在一起,构成一个壁垒森严的军事防御体系。

嘉峪关关城所在地嘉峪塬,南有终年积雪的祁连山,北有岗峦起伏的马鬃山。两山对峙,余脉向嘉峪塬伸来,中间形成了狭长的咽喉地带。嘉峪关就建在这个咽喉的最窄处,为河西走廊西端"第一隘口"。据考证,在嘉峪关未修建前,古老的丝绸之路是从塬下的讨赖河畔通过的,这里窄处只有400米左右。张骞两通西域,玄奘西行取经,都从这里通过。嘉峪关建成后,西行的路线据说就改在了塬上的关口处。林则徐被贬新疆,于道光二十二年(1842年)路过嘉峪关时曾写下一首七言诗:

<blockquote>
严关百尺界天西,万里征人驻马蹄。
飞阁遥连秦树直,缭垣斜压陇云低。
天山巉削摩肩立,瀚海苍茫入望迷。
谁道崤函千古险,回看只见一丸泥。
</blockquote>

这首诗悲凉豪壮,表达了林则徐虽遭不幸,但忧国之心一如既往,也写出了嘉峪关的威严雄壮。

8.锁阳城遗址及墓群

锁阳城又称"苦峪城",其遗址位于瓜州县城南锁阳城镇东南戈壁荒漠绿洲中心,距县城约62千米。南靠祁连山余脉长子山,北临十公山,西侧有榆林河,东边是疏勒河。锁阳城最早建于汉代,为敦煌郡冥安县治所,隋属常乐县,唐为瓜州州治晋昌城。现存城堡为唐初所建,具有1400多年

图98 锁阳城遗址及墓群

图 99　锁阳城遗址全景

图 100　锁阳城遗址塔尔寺

图 101　锁阳城遗址外景

的历史,形制保存了典型的唐代城池风格,至明王朝闭关后遭废弃。古代锁阳城周围曾有大片绿洲,有完备的农田水利灌溉系统,古城、烽燧和石窟寺庙密布,曾是丝绸之路上酒泉至敦煌之间的重要通道和军事要塞,在河西政治、军事、经济、文化诸方面发挥过十分重要的作用。也是我国现存较完整的隋唐故城,在中国乃至世界历史地理、文物考古、自然地理考察等诸多领域具有非常重要的地位,被认为是中国历史地理教科书中唐代瓜州断代史的标志。今天,锁阳城周围不再有大片绿洲,除西部、北部有田野外,东部、南部满目皆是起落有致的戈壁、荒漠、沙丘,成为河西沙漠化演进过程中沧桑变迁的典型标本。历史上的军事关卡已难觅其踪,城堡烽燧多已毁坏殆尽,只有锁阳城遗址依然屹立在旷野中,较好地保存有城堡、炮台、鹿角等军事防御设施。

锁阳城由东、西两个长方形主城组成,现存城墙高约 9 米,宽约 5 米,两城均以夯土版筑而成。西城较大,约 16.5 万平方米,有西、北二门,宽约 15 米,城边有小道崎岖可达城头;东城约有 1.7 万平方米,规模较小。二城外有郭墙断续隐现,郭外有烽燧、箭台和瞭望塔连绵数里。

相传,当年唐太宗李世民命太子李治和名将薛仁贵征西,部队在苦峪城附近中了埋伏,被哈密国元帅苏宝同的大军包围。在粮尽援绝的情况下,薛仁贵发现这里一种名为"锁阳"的野菜可以充饥,就靠它一直坚持到老将程咬金挥师解围,保住了全军。从此,便将苦峪城改名为锁阳城。

链接:"世界风库"——瓜州

瓜州因为生产甜瓜而得名。从新石器时期至西汉初年,与所在的河西

图 102　榆林窟外景

图103　榆林窟第3窟西壁南侧普贤变(局部)西夏

西部地区一样,系羌、乌孙、月氏、匈奴等少数民族居住区。汉武帝设置河西四郡后,瓜州属敦煌郡。唐高祖武德四年(621年),置瓜州。五代、宋、西夏、元相沿。明改罕东卫。清康熙帝在布隆吉(今瓜州县境内)大败噶尔丹部属3000余人,始称安西,取意为"安定西域",寄托了平定西域之乱的期望。2006年复称瓜州县。瓜州雄踞丝绸之路肃州与沙州之间,西北通伊吾、北庭,南通青海,由于特殊的地理位置,历史上曾是河西重要的政治、军事、经济、文化中心,遗存甚多。著名的榆林窟、唐玉门关、锁阳城、东千佛洞和桥湾城就散布于此。

　　汉晋时期由于中原多次移民至此,中原地区的科技文化遂传此地,为建造佛教石窟提供了良好的条件。"安史之乱"后，唐朝皇室急调河西节度使封常清率凉、甘、肃、瓜、沙五州军队平叛，河西空虚，吐蕃遂乘虚占领。瓜州屡遭吐蕃侵扰，导致大片田园荒芜，草场退化，林木消失，再也抵挡不住来自西伯利亚的寒风怒吼。明嘉靖三年（1524 年）以后，冥水自昌马峡谷北口完全断流，致使 600 平方千米土地缺水，植被大片枯死，加上强烈的偏东风长期侵蚀地表，致使当年水丰草盛的田园风光，变成连绵起伏、沟壑纵横的不毛之地，水势潦波的冥水变成寸草不生的干河床。瓜州遂有了"世界风库"之称。这些年来，由于众多专家学者坚持不懈的工作，积累了大量调查资料和丰富经验，进行了有效的生态综合治理，为在锁阳城及其附近建立集古遗址与生态为一体的自然保护区，为实施生态环境综合治理创造了条件。

9. 榆林窟

　　榆林窟又名榆林寺、万佛峡，位于瓜州县西南 75 千米处的山谷之中，

图 104　榆林窟第 6 窟大佛

图 105　榆林窟第 3 窟普贤变

图 106　榆林窟第 25 窟文殊变

图 107　榆林窟第 25 窟观无量寿经变

图 108　榆林窟第 25 窟耕种图

图 109　悬泉置遗址外景

因榆树成林而得名。石窟开于东西两岸的峭壁上，踏实河(又名榆林河)湍急的河水由南而北，从中穿流而过。榆林窟创建于唐代初期，历经五代、宋(含沙州回鹘、西夏时期)，至元代终止修建，清代又有重建和修整。洞窟的形态、壁画内容及艺术风格，与莫高窟同属一脉，是敦煌石窟的一个重要组成部分。现存洞窟43个，分布在长500余米、高约10米陡立的河谷两岸崖壁上。其中东崖32窟，北端保存有僧房及禅窟的遗迹；西崖11窟。各窟内现存唐、五代、宋、西夏、元、清、民国各代壁画约5650平方米，彩塑272身；窟前有塔、化纸楼等土建筑20座。是我国中晚期一处重要的佛教石窟寺遗址。

榆林窟洞窟形制大体可分为中心柱窟、穹隆顶窟、覆斗藻井窟等类型。中心柱窟有第17、28、39窟，属莫高窟早期习见之窟型。这三窟均经后代重绘。3、6窟为穹隆顶窟，窟内均有佛坛。元代洞窟多受密宗影响，中心佛坛已变为圆形或八角形。方形窟仍然与唐、宋相一致。榆林窟塑像、壁画价值很高，尤其是西夏、元代洞窟绘画艺术高超，手法独特，那些包括佛、菩萨、佛教故事、花卉、禽兽、装饰图案、供养人和士庶人物的精美壁画，可补莫高窟西夏洞窟的不足。

唐代是我国古代历史上最辉煌的时期，同时也是榆林窟发展史上最鼎盛时期。第25窟的大幅彩画——西方净土和弥勒净土，结构严谨，色彩艳丽，神态动人，线条潇洒、流畅，具有吴道子一派的风格，为唐代壁画中罕见的精品。

五代北宋时期，曹氏家族(即归义军节度使曹议金家族)统治瓜(安西)、沙(敦煌)二州，与回鹘结亲，又与于阗联姻，使得瓜沙二州安定繁荣，开凿了许多规模庞大的洞窟，同时官府专门设立了"画院"，榆林窟第35窟为这一时期代表作品。西夏和元代的洞窟为石窟艺术增添了新内容，如第29窟的西夏"供养人"、第12窟的五代"天龙八部"等，除了承袭前代题材，又增加了西夏的"水月观音"和"密宗曼陀罗"等新内容，为前代少见，风格也不相同。还有反映现实生活的耕耘收获、喜庆嫁娶、宴饮欢乐及弈棋、酿酒、舞乐、冶铁等画面，生活气息浓郁。特别是五代、宋初大规模的供养人画像和题名，是研究瓜州曹氏统治河西的形象资料。衣冠特殊的西夏人、蒙古人的形象，反映了少数民族的服饰。西夏洞窟中唐僧取经的故事，孙悟空以猴像在绘画中出现，可能是最早的艺术形象，比《西游记》早了300多年，是研究古文化的珍贵资料。

10.悬泉置遗址

悬泉置遗址位于瓜敦公路甜水井道班南侧1.5千米处的戈壁荒漠中，东距瓜州56千米，西离敦煌64千米，四处荒无人烟。这里南依三危山余脉火焰山，北临西沙窝，是汉唐时期瓜州与沙洲之间往来人员和邮件的一大接待中转驿站。

悬泉置遗址总面积22500平方米，是一座方形小城堡，门朝东开，四周为高大的院墙，边长50米，西南角设突出坞体的角楼。坞墙用长、宽、厚约40厘米、20厘米、11厘米的土坯垒砌而成。坞内依西壁、北壁建有不同时期的土坯平房3组12间（内含有一个套间），为住宿区；东、北侧为办公区房舍；西南角、北部有马厩3间；坞外西南部建有一组长约50米，呈南北向的马厩3间。坞外西部为废物堆积区。

悬泉置遗址现已发掘出土各类遗物17650多件，其中有内涵丰富的简牍1.5万余枚。从现已发掘出来的遗址看，遗迹结构之完好，文化内涵之广泛，为多年来我国古遗址考古发掘所少见。

据现有资料考证，悬泉置遗址时代上限始于西汉武帝太始三年（前94年），下限至魏晋时期，前后延续近400年之久。

悬泉置紧靠火焰山山口，山沟有泉水流出。因水从高台流下，悬空入潭，号曰悬泉。西汉时名"敦煌郡效谷悬泉置"。"置"即驿站，该名在唐时仍

图110　悬泉置遗址发掘地全景

沿用，宋以后渐废，无人知晓。清代以后至今，多称"吊吊水"、"贰师泉"。悬泉置的主要任务是接待东来西往的重要官员和国外使节，亦接待路过的一般人员；传递一切邮件，并负责安全。在行政上接受敦煌郡效谷县管理。其内务机构有主管住宿的传舍、主管饮食的厨、主管运输车辆的厩、主管总事物的置等四大职能部门，并有驻军和刑徒囚犯，规模庞大，机构复杂，人员甚多，任务也繁重，从出土的大量简牍中可见一斑。

此处出土的大量简牍是当时边郡以及内地有关活动的真实记录，多为正史所缺佚，因而有补缺证讹的史料价值。就内容讲，大致可分为诏书、司法律令、官府文书、驿置簿籍、文化科技和其他杂类等，远远突破了以往居延、敦煌汉简的文化内涵。居延、敦煌汉简所载均为边防屯戍活动，悬泉置简牍则多涉及边郡行政事务和地方邮驿业务及与西域的相互关系。在一个地点出土如此大量有清楚准确层位关系的简牍，在全国尚属首次。

出土遗物中最引人注目的是在坞内北壁房舍内清理出的墙壁墨书题记，内容为书写规整的皇帝诏书和医药方，为以往发掘所未见。

悬泉置遗址是西北地区汉代驿站遗址首次发现和发掘，它的揭露对探索汉代驿站的建筑形制、布局、结构等，提供了重要的实物见证。与之相联系的大量简牍材料，对了解汉代邮驿管理制度提供了珍贵资料。从出土的简牍看，有收发文的登记簿，各种人员编制的花名册，财产账，吃饭、住宿登记表，上级官府发来的各种文件，国家法令、制度、条例，以及驻地在职人员的伙食账、工资领取表、车马登记账等等，还有未发出的邮件和私人信件，反映了当时社会生活的方方面面。可以说，一个小院落埋藏了一个两千多年前的大社会。从旅客的花名册看，接待过的高级人物有朝廷使臣、官员，也有西域各国前往汉都长安的大使和随从。低级官员更是频繁。这些人到此要住、要吃，要迎、要送，动辄宴会，最多一次用餐竟吃去百余只鸡，可见规模之大。从邮件看，有信函，也有物品包裹。信函有中央、地方文件，也有私人信件。包裹有汇往敦煌的衣服、食品。从在职人员的名籍看，大多都是从内地各郡县服役到边地的军人及其家属。悬泉置遗址的发掘清理，对古代西北地区的政治、经济、军事、法律、中外交流、民族关系、邮驿制度、水利建设、农业种植、农艺技术、畜牧养殖、粮食储运与管理等多方面的研究，提供了珍贵的实物资料，具有十分重要的价值。

11.玉门关遗址

玉门关遗址分为玉门关、河仓城两个部分,位于敦煌西北部。北与马鬃山相望,南与阿尔金山呼应。玉门关东南距敦煌市区 90 千米,西离罗布泊东沿 150 千米左右。相传古代西域和田等地的美玉从塔里木盆地经此关输入中原,玉门关简称玉关因此而得名。

玉门关始建于汉武帝征服河西"列四郡,据两关"时期。关城虽经两千余年的风雨剥蚀,但墙垣保存基本完好。北墙坡下有一条东西走向的大车道,是古代中原和西域诸国来往和邮驿之路,相当于丝绸之路的干线。自汉魏以来,一直是通往西域诸国最西边防上的重要关隘。

玉门关关城平面呈方形,黄土夯筑,东西宽 24.4 米,南北长 26.4 米。现存玉门关的小方盘城,较为完整,为黄胶土夯筑。西、北两墙各有门,因墙土剥落,形如土洞。城四周有坞墙。正东残存南北走向坞墙长 75 米、宽 2 米~3 米。坞墙北端向西北延伸,南端向西延伸,总面积约 12000 余平方米。城北坞墙与长城相连。长城残高 0.5 米,宽 2 米,向西南一直延伸至阳关,中间有烽燧四座,与阳关形成犄角之势,相互照应。城内东南角有一马道,可上关城顶部。站在顶部远眺,马鬃山脉遥遥在望,哈拉湖水碧波荡

图 111　玉门关鸟瞰图

图 112　玉门关小方盘城

漾,与远近的沙丘、戈壁和长城遗址和谐统一。向西南望去,长城遗址断断续续直通阳关。往西延伸,可达新疆罗布泊。

玉门关西汉时为玉门尉治所,王莽篡位后不久曾一度封闭,"丝绸之路"也就此中断。自班超经营西域后丝路复通。但自东汉建武至延光100多年间,丝绸之路又三通三断。东汉时,玉门关改由玉门障尉所辖。隋唐时期通往西域的伊吾大道畅通以后,玉门关遂东迁至瓜州晋昌县境(今瓜州县双塔堡附近)。汉代所设的敦煌玉门关遂逐渐衰落,关口淹没塌毁,边墙失修,渐成断壁。昔日驼铃叮咚人欢马嘶,商队络绎、使者往来的繁荣景象已不复出现。

河仓城(俗名大方盘城),位于玉门关以东11.5千米处。坐落在丝绸古道北侧疏勒河南岸高出河床2米多的土台上。该城始创建于汉代,到魏晋时期,一直都是长城边防线上储备粮秣等给养的军事仓库。河仓城为方形,坐北向南,黄土夯筑,四面墙垣皆已坍塌,残基尚存,南北二垣各长150米,东西二垣各长155米,周回610米。城内稍靠北部有一座横亘东西的土台,高约1米,台上土筑仓房一座,东西长132米,南北宽17.8米。整个粮仓分隔为东、中、西三个相连的储仓,大小基本相同。仓城正南约0.5千米的戈壁凸起处,有一烽燧。

链接 1:阳关

汉王朝打败匈奴后,遂在河西走廊设置武威、酒泉、张掖、敦煌四郡,打开了通往西域诸国的通路。为防御漠北的匈奴,进而在河西走廊北边修筑了一条与走廊平行的长城。除长城外,在整个军事防御系统中,还有关隘和烽火台的设置。敦煌是丝绸之路通往西域南北两道的分合点,也是华戎交会的国际都市。设置在敦煌的玉门关和阳关就成为由中原往来西域的两个必经门户和重要军事关隘。阳关西汉时为玉门尉治所,坐落在敦煌市区西南 70 千米的南湖乡境内。按中国"山南水北为阳"的说法,因在龙头山(今墩墩山)之南,故名阳关。也是丝绸之路必经之地。晋朝时于此地置阳关县,唐以后废。

史学家认为阳关遗址是汉或汉以后之阳关县所在地。在阳关附近发现许多房基排列得整齐而清晰,建筑面积上万平方米并有断续宽厚的城堡墙基,可追想此地当时的繁华场面。唐代高僧玄奘从印度取经归国就是由阳关回到河西的。由于历史上战争的频繁,过度的开荒屯垦破坏了这里的植被和水源,生态环境遭到破坏,黄沙滚滚东来,宋辽以后人们逐渐迁离阳关。元朝以后阳关和寿昌古城的昔日繁华终于被无情的流沙吞灭了。

大诗人王维的阳关三叠"渭城朝雨浥轻尘,客舍青青柳色新。劝君更尽一杯酒,西出阳关无故人"的名句,使人们对千古盛传的繁华阳关心驰神往,只能留作美好的回忆。

链接 2:唐玉门关

六朝、隋唐之际,开通了中原通往西域的伊吾大道(今瓜州通哈密一道),汉代所设玉门关即由敦煌东迁至瓜州晋昌县境(今瓜州双塔堡一带,已被新中国成立后所修双塔水库淹没,不复存在)。这里截山横卧,碧水中流,东临绿洲,西接荒漠,形成天然隘口,俨然铁关雄视。关内的沃野草原和关外的大漠戈壁形成了鲜明的对比。自唐玉门关设置以来,这里成为将士出征的誓师之地,亲人送别的离散之所。诗人王之涣《凉州词》:"黄河远上白云间,一片孤城万仞山;羌笛何须怨杨柳,春风不度玉门关。"道尽将士的思乡之情,塞外苍凉的景象。关以诗名,诗以关扬。千百年来,唐玉门关已成为中国西部文化的重要组成部分。

(四)丝绸之路整体"申遗"对甘肃省的重要意义

从整体来讲,丝绸之路整体申遗有利于遗产资源整合,减少申报工作量,实施综合保护。更重要的是,可以把多个遗产点"打包"申报,而且不占当年各有关国家的申遗名额。作为一个世界遗产申报项目,丝绸之路所包括的遗产数量之多、涵盖的遗产面积之大、涉及的国家之众,都是前所未有的。对此,曾任国家文物局局长的单霁翔指出:"若丝绸之路'申遗'成功,其所带来的国际文化遗产保护领域的积极影响将是不可估量的。"

丝绸之路和我省的历史发展十分密切,历史上甘肃重要的战略地位和对文明的独特贡献主要就是因为丝绸之路的畅通而体现出来的。丝绸之路各个时期的交通、文化线路基本涵盖了我省大部分市、州,至今保存的大量文化遗存,具有十分重要的价值。和全国乃至世界相比较,我省丝绸之路文物在石窟寺、古城址方面具有优势,在庆阳、天水、临夏、武威、张掖、酒泉、嘉峪关等市分布比较集中。这些丰富的文物资源不但值得我们认真保护,还应该从科学的角度加以合理利用,为全社会甚至全人类所共享。

推动丝绸之路申报世界遗产有助于提升我省的文物保护水平,也有利于发挥其社会功能,使文物资源实现可持续发展,为全省构建和谐社会服务。我省目前已有敦煌莫高窟和"万里长城—嘉峪关"两处世界遗产,对全省和当地社会经济发展的巨大促进作用有目共睹。从近年来国内一些省份"申遗"成功的范例来看,某一地区的文物保护单位一旦被公布为世界文化遗产,对提高遗产所在地知名度,扩大对外开放,发展旅游业,推动经济社会协调发展等方面都能产生巨大推动作用,更为重要的是人们由此认识到了保护文化遗产的意义所在。

(五)丝绸之路整体"申遗"要做哪些工作

根据《世界遗产公约实施指南》规定的基本要求,我省的"申遗"工作将围绕以下五个方面开展:

一是编制合格规范的申报文本，这是整个"申遗"工作的基础和关键。

二是编制各备选点文物本体"申遗"管理规划。主要针对抢险和整治环境方面的突出问题，限于时间和技术方面而未能及时开展的环境综合治理、文物全面保护和保护管理水平的提升等问题来编制，包括今后几年内相关工作计划和项目规划。甘肃文物局已于2009年3月委托中国建筑研究院建筑历史研究所统一编制甘肃省11个点申遗管理规划。

三是制定出各备选遗产点文物保护专项法规或管理办法。按照"申遗"要求，各遗产备选点必须有相应人大专项法规或政府专项管理办法。省上和有关市、州将以《甘肃敦煌莫高窟保护条例》为蓝本，制定颁布各遗产备选点保护专项法规或管理办法。

四是文物本体保护项目实施工作。近几年，我省已组织完成了炳灵寺、麦积山、骆驼城、玉门关、锁阳城的保护工程项目，在此基础上，省上将在国家文物局的支持下，组织实施对其他6处备选点文物本体保护工程项目。相关环境整治和基础设施建设项目实施工作将由地方政府承担。

五是开展广泛的社会宣传工作，普及文化遗产保护知识。

图 113　月牙泉

图 114 阳关古城

链接：国家旅游局正式启动《丝绸之路旅游区总体规划》编制工作

为充分挖掘和开发丝绸之路深厚的文化内涵，整合丝绸之路沿途丰富的旅游资源，积极开发丝绸之路国际旅游路线和丝绸之路国际旅游区，打造丝绸之路国际旅游品牌，由国家旅游局组织、北京达沃斯巅峰旅游规划设计院承担的《丝绸之路旅游区总体规划》编制工作已于 2007 年 4 月 4 日正式启动。这份规划包含了陕西、甘肃、宁夏、青海、新疆、新疆生产建设兵团和河南，规划期限为 2008 年至 2020 年。

（六）我们能为保护世界文化遗产和丝绸之路整体"申遗"做什么

丝绸之路"申遗"绝不是个别部门的事情，更不是少数专家们的事情，而是全社会的大事。我们作为社会未来的栋梁，要付诸行动，首先要了解什么是世界文化遗产，保护世界文化遗产的意义何在和如何去保护等方面的知识。而且，通过学习世界文化遗产知识和造访世界文化遗产，可以增强我们对民族文化的热爱、祖国的热爱，唤起我们对文明传承、环境的保护意识和责任感，从而在我们的一生中，以我们的生活行为或以工作的行动，去保护和传承，或用历史的镜子照亮人类今后的道路。具体讲，主要有以下几点：

1.我们保护世界文化遗产可以传承文明

人类社会创造的文明传承至今而成为不朽遗产的，是经数千年历史长河冲刷而积淀的文化精髓。世界文化遗产还是一种全民的民族精神、民族文化的积淀，对于传承文明、建设先进文化有着重要的意义。中华文明和自然遗产，不仅仅属于中华民族，更属于整个世界、整个人类，一个负责任的政府应该真正承担起保护好人类共同遗产的艰巨责任。我们是《保护世界文化和自然遗产公约》的签约国，遵守公约的条款是我们的义务，我们每个人都应从自身做起，真正承担起传承文明的义务。要传承首先必须了解、学习它们，保护好它们。通过学习、了解世界文化遗产，自觉地承担起保护的责任，才能使这些全人类共同的宝贵财富，和那些长期被忽视并面临消失危险的其他珍贵文化遗产得到有效保护，使其世代相传而不致中断。

　　　　　　图115　天水市麦积区花牛中心校师生组织参观麦积山石窟

图 116　学校组织世界遗产知识演讲活动

图 117　学校组织世界遗产知识演讲活动

2. 我们了解世界文化遗产可以增进对民族文化和国家的热爱

　　世界上各地区各民族都创造有自己的文明成果，这才造就了世界文化的多元性，正是在这个意义上我们说"越是民族的，就越是世界的"。世界文化遗产绝不仅仅属于所在国家或地区，而是全世界人类的共同财富。

　　链接：名人语录

　　联合国教科文组织世界遗产中心主任德罗斯特先生说："人类不可再生的世界遗产的未来掌握在今天和明天的年轻人手中。"

　　中国著名文化学者冯骥才说：要让我们的老百姓认识自己的历史，认识我们先人创造和给我们留下的非常珍贵、非常美丽的这些财富,不一定非得要被联合国承认为人类文化遗产了,它才会有级别。就像一个作家写的东西,不见得获得诺贝尔奖了,他这个作家才是最好的作家,或者是最有价值的作家。1960年法国有一个文化部部长叫马尔洛夫,直到现在法国人都知道他。他做了一件功德无量的事情,就是让法国人认识自己的文化。他对法国进行了一个大到教堂小到羹勺的所有领域里的文化考察,一个人登记,一个人记录,然后对文化进行整理。整理之后有一个很重要的做法,就是把每一年的6月份的第二个星期日定为遗产日。经过普查,他们确定了哪个是文化遗产。包括法国每一个村镇,每一个乡村,在那一天,老百姓从老到小,都对自己先人创造的这个文化顶礼膜拜,对它们表达一种很虔诚的感谢,尊崇它们,欣赏它们,享受它们。不能只认为自己的好,或是盲目认为西方的好,带着偏见看待民族文化。

3.我们学习世界文化遗产知识可以唤起保护环境的意识

我们只有认识了在人类生存的环境里,文化与自然有不可分割和密切相连的关系,才能够在具有两方面的环境保护意识之上对世界遗产进行保护,把保护文化环境与保护自然环境紧密结合起来。

由各个国家参加的保护活动是作为国际社会全体的任务而进行的。世界遗产概念的确立和文化遗产、自然遗产的遴选,是作为一种榜样,以鼓励各缔约国采取积极措施、制订保护政策,并起到教育人民树立全面的环境保护意识的作用。

4.学习和了解世界文化遗产还可以警示我们不要再犯错误

世界文化遗产是人类在漫长的历史进程中所创造并留存至今的文明成果与结晶。另外,世界文化遗产中还确立了一类具有警示意义的特殊遗产,它反映的是人类自身在过去的历史中造成的不可挽回的错误行为,有的甚至是灭绝人性的严重罪行。它们包括日本的原子弹爆炸纪念地、波兰的奥斯威辛死亡集中营、黑奴贩卖交易地塞内加尔的戈雷岛、残酷剥削南美土著民的玻利维亚波托西银矿城等。把这些没有美的含义,没有文化价值的遗址作为世界遗产,其意义只有一个,那就是在和平与发展的世界潮流面前,告诫世人不可忘却这些遗产所反映的那段丑恶历史,人类不应再次重犯历史上的错误。这些特殊历史的遗留物是震撼人心的见证与警示,它要求我们,应该关心人类社会发展的命运,进一步领会现代社会尊重人权的意义,确立为人类和平与进步事业做贡献的人生理想。

图 118　波兰的奥斯威辛死亡集中营

图 119　日本的原子弹爆炸纪念地　图 120　黑奴贩卖交易地塞内加尔的戈雷岛

图 121　残酷剥削南美土著民的玻利维亚波托西银矿城

5.当今世界文化遗产需要保护的迫切性

我国世界遗产保护现状　中国政府一直十分重视文化遗产保护和世界文化遗产申报工作。中国共有 38 处世界遗产,其中 28 处为世界文化遗产,居世界第三位。但是这项工作也存在很多问题,归纳起来主要有三大类:一是过度开发;二是破坏性建设;三是管理工作不到位。有些人把申报世界文化遗产仅仅当作表现政绩的手段;有些地方急功近利,不关心遗产保护;把文化遗产作为商品对待,只热心靠遗产赚钱,投入大量人力、物力和财力申报世界遗产,一旦获得批准,就在遗产保护区内想方设法修建人工设施,盖星级宾馆,造缆车、索道,甚至装置电梯,使遗产地城市化、商业化、现代化,完全变成了旅游商品。这种做法,违反了 1972 年联合国教科文组织公布的《世界文化与遗产公约》精神,也背离了申报和公布世界遗产的初衷,是完全错误的。

近几年来,中国出现了空前的世界文化遗产申报热,全国有近百个项目宣布要申报世界文化遗产。中国文化遗产资源十分丰富,具备申报世界文化遗产基础条件的地方也相对较多,但目前推动一些地方世界文化遗产申报的主要动力,是世界遗产的品牌效应及其作为特殊资源所显现的

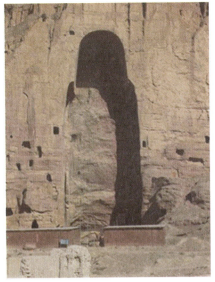

图 122　遭到破坏的世界遗产——阿富汗巴米扬大佛（右遭到破坏后）

图 123　秦始皇陵遗址的保护

垄断经营价值。在看到世界文化遗产能带来巨大的社会效益和经济效益的同时，不少干部也因申报世界文化遗产成功而彰显了政绩并得到晋升。这就使得一些地方政府不做认真深入的研究论证便盲目地耗费巨资为申报创造所谓的条件。有些地方为了申报世界文化遗产进行环境治理，甚至将一些重要的反映遗产延续性的建筑，以妨碍景观为名予以拆除。有些地方套用一般旅游景点的管理方法对遗产点进行规划、设计和建设，严重破坏了遗产点原有历史环境和风貌，致使申报热变成了破坏热。

6.世界遗产保护与开发之间的关系

我们保护世界遗产的目的有两个　一是能传承给我们的子孙后代,讲的是保护；二是为今天的社会和经济发展服务，讲的是利用。保护的目的是使子孙后代可持续地利用。对于世界文化遗产首先是保护。保护是开发利用的前提，是基础，开发利用一定要有利于更好地进行保护。自然遗产尤其是文化遗产有其不可再生性，对它的保护和治理有其特殊性，因此不能盲目开发建设，为搞旅游、吸引资金不惜破坏不可再生的珍贵遗产，把世界遗产当作摇钱树。

如何正确认识"申遗"　我国是世界四大文明古国之一，历史悠久、文化发达，自然风貌和地理环境十分丰富，为了向全世界展示我国的遗产资源和人文历史，申报更多的世界文化遗产不仅是应该的，也是可能的。当前全国许多地方申报世界文化遗产的愿望是好的，积极性值得肯定和支持。但是要想获得联合国教科文组织世界文化遗产委员会的严格审批，列入世界文化遗产名录并不是一件轻而易举的事。为此必须首先解决认识问题，明确申报世界文化遗产的基本要求。

世界文化遗产具有两个基本要素，一是真实性，二是整体性。所谓真实性就是无论遗产是自然的还是人文的，都要求是原始的，决不可造假景、假文物，不能在风貌保护区内建人工设施、宾馆、电梯、缆车等等，一旦建造这些设施，必将破坏遗产的真实性。其次是整体性，自然、文化遗产都有其整体性。遗产不能孤立存在，它与其周边环境形成一个整体，是和谐共生的关系。历史遗产还与其形成的发展变化的历史过程构成了一个整体，反映特定的历史年代和社会风貌。所以，不管是自然遗产还是历史遗产，整体性是其能否成为遗产尤其是世界遗产的核心元素，整体性一旦破坏对遗产来讲就是致命的。

7.世界文化遗产管理体制和法规政策

世界各国如何管理遗产　世界各国都将世界遗产列入"国家公益事业"。世界文化遗产的功能与性质决定了其必须由政府来实施管理。对遗产的管理，就是对遗产资源价值进行保护。在保护的前提下，为公众的观赏、参观提供方便，使公众能充分地享受到世界文化遗产给其带来的休闲、教育、科研等方面的服务。这些服务原则上应该是面向公众非营利性质的。

我国的世界文化遗产管理体制　目前我国的世界文化遗产有的属于国家主管部门管理，有的属于省级政府管理，有的是市县级政府管理。在具体实施中，有文物、文化部门代表政府管理的，也有旅游部门、建设部门和宗教部门代表政府管理的，还有宗教团体使用和管理的等。

国外的世界文化遗产管理体制　世界各国的世界文化遗产管理体制不尽一致，形式多样。美国的世界文化遗产采取的是国家集中管理，统一由内政部国家公园局管理。加拿大和日本等国也采取这种体制，由国家有关部门统一集中管理。据了解,这种体制非常有效。

国内外遗产管理法规 世界各国共同遵守的主要有《佛罗伦萨宪章》《世界文化遗产公约》和《世界文化遗产保护宣言》等。中国有《文物保护法》《文物保护法实施条例》《长城保护管理办法》等,另外,各省、市、自治区还制定颁布了许多世界文化遗产保护的地方性法规,如《甘肃省敦煌莫高窟保护条例》。

我国正在组织青少年参与到世界文化遗产保护之中 近年来,在我国已有《世界遗产知识荟萃》面世,并进入很多中学。学校还经常组织同学们开展假期专题旅游。

8.保护世界文化遗产和丝绸之路"申遗"从我做起

我们要自觉地学习世界文化遗产知识,培养保护意识 世界文化遗产保护是一项增进全社会文明素质的工作,不仅仅需要少数决策者对世界文化遗产给予重视,而且要求每一个和遗产发生关系的人,都应该具有良好的历史文化和科学修养,有较强的保护世界文化遗产的意识。因此,目前我们要更多地学习和丝绸之路相关的知识,为保护世界文化遗产和丝绸之路"申遗"做出应有的贡献。

学校可以开展这些活动 学校可以组织考察丝绸之路"申遗"备选点和已经"申遗"成功的敦煌莫高窟和嘉峪关关城;组织观看世界文化遗产和丝绸之路历史文化风光片;组织举办世界文化遗产知识和丝绸之路知识专题演讲、作文比赛。

我们可以自觉保护遗址文物 如果你是一名学生,你不仅要学习书本知识,还要积极参加世界文化遗产知识和丝绸之路知识专题演讲、作文比赛,参加青少年休学旅游,去了解世界文化遗产,珍爱世界文化遗产,并自觉加入到宣传和保护世界文化遗产的行列中来,为丝绸之路"申遗"摇旗呐喊。在你的生活行为中,要做到爱护环境、文明旅游,绝不乱摸、乱刮、乱画、乱拍照片。

下列行为和做法都是违法或错误的,如:

(1)在遗产保护区内进行违规建设,建人工设施,如宾馆、电梯、缆车等。

(2)在遗产范围内造假景、假文物。

(3)把公路修建在保护区内,致使遗产与其周边环境不和谐。

(4)在文物上乱摸、乱刮、乱画或违反规定乱拍照片。

附件 1：

中 国 世 界 遗 产 名 录

序号	遗产名称	遗产类别	批准时间	遗产所在地
1	万里长城	文化	1987.12	北京等省、市、自治区
2	北京故宫	文化	1987.12	北京市西城区
	沈阳故宫（扩展）		2004.7	辽宁省沈阳市
3	敦煌莫高窟	文化	1987.12	甘肃省敦煌市
4	秦始皇陵及兵马俑	文化	1987.12	陕西省西安市
5	周口店北京猿人遗址	文化	1987.12	北京市房山区
6	泰山风景名胜区	文化和自然	1987.12	山东省泰安市
7	黄山风景名胜区	文化和自然	1990.12	安徽省黄山市
8	九寨沟风景名胜区	自然	1992.12	四川省九寨沟县
9	黄龙风景名胜区	自然	1992.12	四川省松潘县
10	武陵源风景名胜区	自然	1992.12	湖南省张家界市
11	承德避暑山庄及外八庙	文化	1994.12	河北省承德市
12	孔府、孔庙、孔林	文化	1994.12	山东省曲阜市
13	西藏布达拉宫	文化	1994.12	西藏自治区拉萨市
	大昭寺（扩展）		2000.11	
14	武当山古建筑群	文化	1994.12	湖北省丹江口市
15	峨眉山——乐山大佛	文化和自然	1996.12	四川省乐山市
16	庐山风景名胜区	文化景观	1997.12	江西省九江市
17	丽江古城	文化	1997.12	云南省丽江市
18	平遥古城	文化	1997.12	山西省平遥县
19	苏州古典园林	文化	1997.12	江苏省苏州市
20	北京颐和园	文化	1998.12	北京市海淀区
21	武夷山风景名胜区	文化和自然	1999.12	福建省武夷山市
22	北京天坛	文化	1999.12	北京市东城区
23	大足石刻	文化	1999.12	重庆市大足县
24	明清皇家陵寝（东陵、西陵）	文化	2000.11	河北省遵化市、河北省易县
	十三陵、明孝陵（扩展）		2003.7	北京市昌平区、江苏省南京市
	永陵、福陵、昭陵（扩展）		2004.7	辽宁省新宾满族自治县、辽宁省沈阳市

序号	遗产名称	遗产类别	批准时间	遗产所在地
25	龙门石窟	文化	2000.11	河南省洛阳市
26	青城山—都江堰	文化	2000.11	四川省都江堰市
27	西递—宏村	文化	2001.12	安徽省黟县
28	云冈石窟	文化	2001.12	山西省大同市
29	三江并流	自然	2003.7	云南省丽江市、迪庆藏族自治州、怒江傈僳族自治州
30	高句丽王城、王陵和贵族墓葬	文化	2004.7	吉林省集安市、辽宁省桓仁县
31	澳门历史建筑群	文化	2005.7	澳门特别行政区
32	四川大熊猫栖息地	自然	2006.7	四川省成都市、四川省雅安市、阿坝藏族羌族自治州、甘孜藏族自治州
33	安阳殷墟	文化	2006.7	河南省安阳市
34	中国南方喀斯特	自然	2007.7	云南省昆明市、贵州省荔波县、重庆市武陵县
35	开平碉楼与村落	文化	2007.7	广东省开平市
36	福建土楼	文化	2008.7	福建省永定县
37	三清山	自然	2008.7	江西省玉山县
38	五台山	文化景观	2009.6	山西省五台县

附件2：甘肃省文化遗产分布图

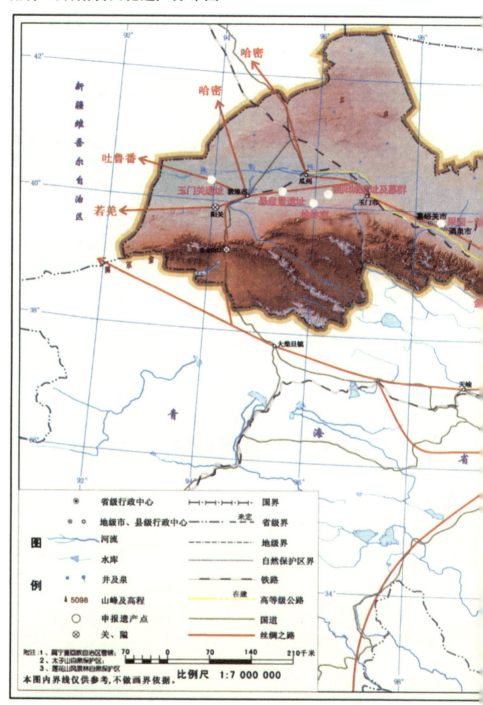

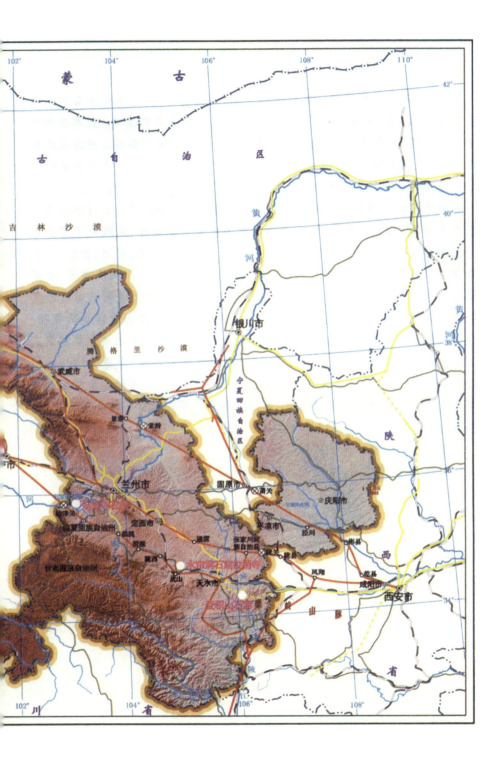

后　记

　　在《世界遗产与丝绸之路青少年读本》即将刊印之时，我为全省中小学生高兴，庆幸他们在世界遗产教育活动中有了一本普及性读物。我和我的同事们共同期盼，在丝绸之路整体"申遗"活动中，在丝绸之路精品旅游线路的建设中，在西部经济、社会发展的历史进程中，着眼于青少年遗产教育的活动将为这些目标的实现而起到一点传承薪火、推波助澜的作用。为此，我十分感谢中国联合国教科文组织全委会及教科文协会全国联合会对世界遗产教育的引领、指导和鼓励；十分感谢本会名誉会长李虎林、总顾问于忠正等老同志对协会活动的关心和支持；十分感谢为本书的开发、研究、出版、印刷提供经费资助的中国敦煌石窟保护研究基金会、兰州银行、天庆集团、甘肃省基础教育课程教材中心等单位；十分感谢为"申遗"宣传教育活动提供了经费资助的甘肃省文物局、甘肃省文物考古研究所、中国铁路西北科学研究院、甘肃省文物保护维修研究所、甘肃省炳灵寺石窟文物保护研究所、甘肃省永靖古典建筑工程公司、甘肃宁氏实业有限公司等单位；十分感谢甘肃省"申遗"办和《丝绸之路》杂志社为本书提供了大量珍贵图片资料；也十分感谢编委会成员的共同努力和各自不同的贡献，特别是主编张华同志在百忙中不辞辛苦，为本书的编著付出了大量心血和智慧。

　　今日的努力都是为了更加美好的明天。

　　谨此，向所有关心、支持青少年遗产教育的同志们表示由衷的敬意。

马培芳

2010 年 6 月 25 日